U0664752

社会主义核心价值体系建设
"双百"出版工程
项 目

/100位

新中国成立以来感动中国人物/

许 振 超

刘新平/著

★

吉林文史出版社

前 言

每个人的心中都多少有一点英雄情结，都向往英雄、景仰英雄。也正因此，在中华人民共和国建国六十周年之际，由中央十一部委联合组织开展的"100位为新中国成立作出突出贡献的英雄模范人物和100位新中国成立以来感动中国人物"的评选活动中，群众参与投票总数近一亿。这其中的每一张选票，都表达了人们对英雄模范的崇敬之情，寄托着对伟大祖国的美好祝福。

一个民族不能没有英雄，否则这个民族就不会强大。当国家危难之时，懦弱者选择了逃避、妥协甚至投降，英雄们却挺身而出，用热血捍卫民族的尊严，人民的幸福。在创立和建设新中国的伟大历程中，涌现出无数可歌可泣的英雄模范人物。他们之中，有为了民族独立和人民解放而英勇牺牲的革命先烈，有为了党和人民的事业而不懈奋斗的优秀共产党员，有在全民族抗战中顽强奋战、为国捐躯的爱国将士，有英勇杀敌的战斗英雄和革命群众，有积极从事进步活动的著名民主爱国人士和国际友人……他们是民族的脊梁、祖国的骄傲，是激励全体人民团结奋斗的精神力量。

《100位新中国成立以来感动中国人物》丛书，就像一部星光璀璨的英雄谱，真实、完整地记录了英雄模范人物不平凡的一生，再现了他们非凡的人格魅力和精神世界。舍身堵枪眼的黄继光，拼命也要拿下大油田的王进喜，中国原子弹之父邓稼先，新时期领导干部的楷模孔繁森……一串串闪光的名字，一个个动人的故事，犹如群星闪烁，光耀中华。

当今中国正处于伟大变革的时代，迫切需要涌现出一大批勇于承担历史使命、为祖国和人民奉献一切的先进人物。在"双百"人物崇高精神的引领下，在建设社会主义现代化国家的征程中，必将英雄辈出。

生平简介

　　许振超，出生于 1950 年，山东荣成人，中共党员。中国科协常委，全国人大常委。

　　1974 年进青岛港工作。曾先后荣获青岛市劳动模范，青岛市优秀共产党员，山东省有突出贡献工人技师，山东省自学成才先进个人，全国"五一"劳动奖章获得者，全国交通系统劳动模范，全国劳动模范，全国优秀共产党员等荣誉称号，被誉为新时期产业工人的杰出代表。

　　许振超所在的青岛港前湾集装箱码头是由青岛港集团、英国铁行集团、中远集团、丹麦马士基集团总投资 8.87 亿美元合资经营的目前世界上最大的集装箱码头企业之一。许振超参加工作三十多年来，以"干就干一流，争就争第一"的精神，立足本职，务实创新，干一行，爱一行，精一行。他自学成才，苦练技术，练就了"一钩准"、"一钩净"、"无声响操作"等绝活，并模范地带出了"王啸飞燕"、"显新穿针"、"刘洋神绳"等一大批具有社会影响的工作品牌。

　　2008 年，许振超作为一名火炬手参加了北京奥运会圣火青岛站的传递；2009 年 9 月 14 日，许振超作为 100 位新中国成立以来感动中国人物之一，受到中共中央全体常委领导同志的亲切接见。

　　许振超只有初中学历，但他坚持学习，最终超越了自我。正如他在日记中写的那样："悟性在脚下，路由自己找。"正是凭着这种多年如一日勤奋刻苦的韧劲儿，许振超学得真功，并最终得以创造了港口集装箱码头作业的多个世界纪录。

1950-

[XUZHENCHAO]

◄ 许振超

目录 MULU

蓝领专家的奉献人生（代序）

王兆国

劳动模范是工人阶级和广大劳动群众的杰出代表，是民族的精英、国家的脊梁、社会的中坚和人民的楷模。在我国革命、建设和改革的征程中，中国工人阶级始终表现出了伟大的创造力，涌现出了一大批像孟泰、王进喜、时传祥、张秉贵、蒋筑英、包起帆、王启民、徐虎、李素丽等那样的先进模范人物。他们对党、对祖国无限忠诚，在平凡的岗位上做出了不平凡的业绩，为全社会树立了光辉的榜样。特别是当代产业工人的杰出代表——许振超、李斌同志，用勤劳的双手、聪明的才智和不懈的追求，创造了一流的工作业绩，展现了时代的精神风貌。他们的事迹令人钦佩，他们的精神令人感动！

许振超，一位只有初中文凭的青岛港桥吊司机，三十年如一日，练就一手绝活，他和他的桥吊队一年内两次刷新世界集装箱装卸纪录，创造了"振超效率"。李斌，上海液压泵厂的工人技师，在近二十年的时间里，一步一个脚印，默默无闻，无私奉献，成功开发了 5 种类型共 17 台进口数控机床的加工功能，完成新产品开发 55 项，创造了"李斌效应"。许振超、李斌同志作为新世纪新阶段中国工人阶级的楷模，他们身上表现出来的强烈主人翁责任感，立足本职、无私奉献的精神和锐意进取、争创一流的气概，集中展示了当代中国工人阶级的时代风貌和崇高品格。许振超、李斌同志的先进事迹，为我们揭示了一个朴素的真理：平凡蕴含伟大，实干成就事业。

党的十六大明确提出，要紧紧抓住本世纪头二十年的战略机遇期，全面建设惠及十几亿人口的更高水平的小康社会。这是一个宏伟的战略目标，实现这个目标符合工人阶级和最广大人民群众的共同心愿和根本利益，也为工人阶级更好地发挥主力军作用提供了广阔的舞台。工人阶级是推动我国经济发展和社会进步的中坚力量，要发展先进生产力和先进文化，实现最广大人民的根本利益，就必须充分发挥工人阶级在解放和发展先进生产力中的主体作用，大力弘扬工人阶级的崇高品质和时代精神，用工人阶级的先进思想和模范行为影响和带动全社会。改革开放以来，我国职工队伍的素质总体上有了很大提高，但与肩负的历史使命以及党和国家的需要相比，还有很大差距。只有全面提高职工队伍的整体素质，努力建设一支具有坚定理想信念、社会主义道德、现代文化科学知识和严格组织纪律的强大阶级队伍，才能在全面建设小康社会的历史进程中充分发挥主力军作用，创造新的业绩，不断发展工人阶级的先进性。

各级工会要组织广大职工群众认真学习许振超、李斌同志的先进事迹，牢固树立正确的世界观、人生观，坚定正确理想信念，弘扬爱国主义精神，爱岗敬业，吃苦耐劳，团结协作，敢为人先，努力学习新知识，钻研新技术，掌握新技能，不断提高自己的学习能力、创新能力、竞争能力和创业能力，争当学习型、知识型、技能型、专家型职工，创造一流的工作效率，把自己的人生理想与祖国和人民的利益紧密联系起来，在追求中提高，在拼搏中奉献，为实现社会主义物质文明、政治文明和精神文明的协调发展贡献力量。

临危受命

→ 启　程

★★★★★

2001 年 11 月 7 日，许振超来到还是一片荒滩的黄岛前湾新港区。

那一年，青岛老港区集装箱年吞吐量逾 300 万标准箱。对于青岛港来说，这已经是一个了不起的成绩了。但青岛港的决策者们没有停下前行的步伐，而是把目光瞄向那些在国际上声名显赫的同行。青岛港集团董事局主席、总裁常德传在集团中层以上干部大会上宣布："全港战略西移，开发黄岛，把黄岛前湾建设成世界上最好的集装箱码头……我们要与同纬度韩国、日本的几个国际大港口一争高下。"

那年 7 月，青岛港为配合西移战略，专门成立了明港公司，并花费巨资，从上海港口机械厂订购了两台当时国内最大的装卸集装箱的桥吊设备。按照常德传的设想，其中的一台桥吊将在 11 月 21 日安装成功，再经过一段时间的试运行，就可以承接来自世界各地的集装箱货船了。

但三个月过去了，整整 13 船桥吊部件，依旧堆放在前湾码头。

西移是青岛港生死攸关的大事，青岛港能否在国际航运业竞争越来越激烈的条件下，杀出一条发展之路，在此一举，而影响西移成败的关键，就是新型桥吊能否如期安装。作为一种能将集装箱吊起并进行装卸作业的起重机，桥吊是码头的心脏，桥吊作业能力显然又决定着一个码头的货物吞吐能力。

可桥吊不立起来，一切都是白搭。

常德传内心的忧急可想而知。

同样忧心如焚的，还有明港公司的总经理朱广太。

桥吊是明港公司的主设备，桥吊一天不立起来，他这个总经理就没法干活。就像一个战场指挥员，如果手里连个作战的武器都没有，还怎么指挥打仗？

但安装由集团成立的现场指挥部和厂方负责，他再怎么着急，也不能越俎代庖地跑到现场，去指挥人家安装吧！

不过，他可以派一个信得过的人去现场，负责桥吊安装的安全管理，特别是监督安装的质量。都说慢工出细活——看安装现场老牛拉破车的磨蹭劲儿，朱广太对这句话深表怀疑。所以，他必须派个人过去，否则，一旦安装好了，在某个环节出了问题，那可就难以解决了——谁希望自己的孩子一生下来就有缺陷呢？

朱广太给许振超打电话。

几年以前，朱广太在集装箱公司任党委书记，许振超则是公司所属的一名机械队长，负责桥吊、龙门吊的管用养修工作，彼此相当熟悉。朱广太知道许振超是青岛港第一代桥吊司机，在青岛港工作30年，创出了许多令同行瞠目的"绝活儿"，如"一钩准"、"一钩净"、"二次停钩"、"无故障运行"等。除此，他还成为一名青岛港码头工人科技创新的引领者，

不仅带出了身边的一个"绝活儿"队，更让他的这种精神如水银泻地般地涌进港口的每一个角落，带动起了全港的大练"绝活儿"热。而在许振超的队里，很快就涌现出了许多像他一样的"装卸专家"。那些技术主管们，已经成功地主持了许多台桥吊的电控改造。他们的维修班还改进了桥吊钢丝绳更换方式，大大缩短了换钢丝绳的时间，用时是全国沿海港口中最短的。也因此，朱广太在任时便毫无保留地支持许振超搞实验，让许振超在青岛港的 49 号泊位上，用两台桥吊干出了四台桥吊的活儿，保证了日本大阪三井船业公司专跑青岛至美国航线的货船准点到、准点开，并最终成为海运界公认的精品品牌。

还有一件事在朱广太的脑子里同样记忆深刻。作为青岛港的第一代桥吊司机，许振超曾自始至终地跟过青岛港第一台桥吊的安装。在安装现场，他监督安装的质量和进度，只要安装过程中稍微有不规范和不合理的地方，他就争、就吵，非得让安装的厂方技师和工人按照规程重来一遍。因为他的固执和坚持，那台桥吊的运行质量和寿命异乎寻常地好。

朱广太拨通集装箱公司安全科的电话。当时，许振超在安全科任副科长。

"老许啊，我是朱广太。我现在需要你到桥吊安装现场，替我管管安全和安装质量。"朱广太开门见山地说。

干了这么多年桥吊，没有人知道许振超对桥吊的感情有多么深，如果不是公司下了正式调令，他是无论如何也不愿离开桥吊队到安全科的，所以，刚听完朱广太的话，许振超有些激动："那好，跟桥吊有关的事情，我都愿意做！"停了停，许振超又问："朱经理，桥吊安装完了，我能继续干桥吊吗？"

朱广太说："你暂时先算借调，至于能不能干桥吊，到时候再说，好不好？现在你快去现场吧。安装进度已经那么慢了，质量又怎么样呢？我心里实在是不托底。"

"好，我尽快去黄岛！"许振超应道。

➡ 现 场

★★★★★

　　许振超来到黄岛，眼前是一片荒荒凉凉的场景，寒风刺骨，没有吃饭、住宿的地方，甚至连口热水都喝不上。

　　环境艰苦，他不在乎。工作这么多年，什么艰苦他没有经历过呢？

　　在现场，他到处查看。不让安装过程中出现安全和质量问题，这是他来黄岛的工作。他必须尽心尽力，对得起朱广太的信任。

　　从上黄岛的那天起，他就开始记工作日志。第一篇日志中详细记录下了他发现的几大问题和安全隐患：

　　11月8日——

　　桥吊左右两侧门框需补漆；左侧门框后上方焊接处水平凸起；右侧门框海侧上部厂方原下料短，需要加四道筋板。

　　1号泊位问题一：电缆坑的高压进线位置过高；

　　问题二：桥吊陆侧车挡需拆除，顺轮方向固定螺栓在桥吊移动前必须去掉 4 个；

问题三：大车传动轴未做防锈和碰撞处理。1 号坑气密箱有异，待查……

第二天，现场做了一次试吊装，但没有成功。许振超的日志里记下了这次失败的尝试：

11 月 9 日——

上午 10 点，左侧门框片起吊；

10 点 25 分，海侧下立柱滑落触地；

11 点，海侧下立柱浸入海水；

11 点 20 分，再次安装，移水吊就位，吊装钢丝绳偏海侧，高低差约 2 米。

失败……

对吊装的失败，许振超一点儿都不觉得奇怪。第一天，在现场查看的时候，他就看到了那台用来吊装桥吊的起重设备——一台 320 吨的水吊，当时心里就犯起了嘀咕，因为桥吊自重超过 1300 吨，长 150 米，高 75 米，320 吨的水吊无论从起重量和提升高度上都达不到作业要求，就像一个 1.90 米的大个子，你硬要他穿一件小号的工装，肯定是穿不上的。许振超想，这下麻烦了，桥吊八成是装不起来了。

隔一天，他看见了安装工艺的总装图，一看尺寸，更坚定了自己的判断：水吊的提升高度与桥吊的高度基本持平。他觉得这简直太荒唐了，因为按照常理，吊装机械（水吊）的提升高度至少要比桥吊高 10 米。这本来是一个最简单不过的常识，可现实生活中，许多问题都是出在人们认为最不该出问题的地方。

他赶紧去找现场指挥部的一位高级工程师。

"水吊起重量太小了，高度也不够啊！"

高工听了，就笑笑："安装方案是指挥部和厂方技术人员一起研究后决定的。"说着，转身要走。

"可真是不行啊！这个方案有问题，桥吊肯定立不起来。您得赶紧告诉他们啊！"许振超好像听不出人家话里的意思，慌慌张张地堵着人家要结果。

　　高工的脸色就很不悦：："你干好自己的工作就行了，这不是你该管的。"

　　望着那位他一向尊重的高工，许振超傻愣愣地站在原地，半天都没醒过闷来。

　　他不死心，又去找现场的其他人解说，但依旧是没有人理睬他。

　　他心里难受，不知道该找谁去说。其实，直到今天，他都不知道安装方案中为什么会出现那样的低级错误。但他又实在是毫无办法。在现场，他的身份只是一个借调来的安全和质量检查员，桥吊的安装方案根本不是他职权范围内该管的事情，他只能是提提自己的看法，但也仅此而已——如果管得多了，不仅没用，而且还难免招人烦。

　　"多听听大家的意见——这样的话我们常常可以听到。但这话说说容易，做起来就不那么简单了。同样的一句话，如果是某位领导说的，众人必风起而影从；要是一位工人说了，也就是说说而已，没人会当回事。我那时真的感受到了什么叫作'人微言轻'。"多年以后，在接受记者采访的时候，许振超说了这样一番话。

　　很感慨，也很无奈。

→ 进 言

★★★★★

　　许振超到黄岛的第一天，遇到青岛港机电处的副处长张宗。

　　张宗以前经常带人到基层作业队检查、指导工作，他认识许振超。

　　"许师傅，你来了！"张宗招呼道。

　　"朱经理让我来搞搞现场安全检查。"许振超说。

　　"好事啊！又多了一个帮手了！"张宗说，很亲热……

　　——四处碰壁的许振超突然想起了张宗，他想找个机会把自己的想法讲给张宗听。张宗毕业于大连海运学院，是常德传的学弟，同时，与常德传又有师徒之谊，他毕业后来到青岛港，常德传就是他的师傅，两人的关系自然非同寻常。更重要的是，张宗在专业上相当过硬，是个众人皆服其能的响当当的处级干部。他的话无疑是有些分量的。

　　但张宗却并不常在现场。有时，一大早来现场开个会，会一结束就匆匆离去。许振超知道机电处是一个相当紧张和繁忙的部门，张宗工作上的压力一向很重。

看着来去匆匆的张宗，许振超总是拿不定主意，不知道该不该追上去。这么一犹豫，就失去了多次向张宗进言的机会。

而现场的安装正按照原设计方案进行着：

桥吊大机房已原地调整90度；

控制柜、高压电缆卷筒、齿轮箱、制动器、导向滚筒都已安装到位；

动力电缆运进机房，机房通风口（海侧）加了防水出风罩；

机房外人行平台安装完毕；

电气房装上电缆穿线铁管；

电缆导向滚筒底座已经加上一块钢板，做位置调整用；

1号泊位电缆槽热喷涂锌防护层，2号泊位铺装桥吊海、陆侧轨道……

目睹正在进行的吊装前的准备工作，许振超开始怀疑自己的想法是否正确。现场指挥部高手如云，厂方负责安装的技术人员也都是精兵强将，难道他们都错了？如果根本就是因为自己见识短浅，那不是要给大家留下笑柄吗？更重要的是，如果因为自己一味地固执己见，给现场安装造成某种负面影响，那他真要成为青岛港的罪人了。

这么想着，许振超摇了摇头：算了，不想了，马上就要做总装了，如果成功，那人家的方案就是正确的；如果不能成功，他们显然就错了。对与错，全在最后的安装结果。这一点，许振超很明白。

不再想方案的事情，许振超开始一门心思地做属于自己的工作：大机房内高压开关柜至两个变压器的连线未接；桥吊各油嘴润滑点被油漆覆盖，是否有油，应尽快查……这些问题他都详详尽尽地记录在案并报上去。因为都是与安全和安装质量有关的问题，所以都能引起指

△ 现场调度

挥部和厂方相关人员的重视。

看见自己提出的问题很快都能得到解决，这让许振超多少感到些欣慰。

11 月 19 日，指挥部和厂方决定在第二天进行吊装。如果顺利的话，他们将比原计划提前一天吊装成功，这可是件皆大欢喜的事情。但 20 号那天港口上空大雾弥漫，吊装只好停止。利用停吊的一天时间，现场安装人员重新组装了小车架和司机室，为了保险起见，还将桥吊后大梁拆卸，重做组装和加固。

21 日上午，许振超早早来到现场，急切地等待着吊装的开始。他心里祈祷着，他希望自己原来的想法是错了，希望吊装能够一次性成功。

但天不从人愿，现场的人们再次体尝到了失败的滋味。

这一次，许振超看得很清楚。如果说，吊装过程中的某些环节还可以进行一些改进和修正的话，那么，起重器械自身能力的先天性不足则是致命的，也是任何人都无法超越的。他因此断定，如果不能首先更换起重器械，吊装绝对不会有成功的希望。

结果证明了许振超最初的想法是正确的，但证明他的正确却是以吊装的失败和工期的延误为代价——这总让许振超有一种抑制不住的心痛。

他知道自己不能再等待，也不能再犹豫了。那天中午，他给朱广太打电话，把自己的想法一股脑儿地说了出来。"朱经理，这样下去真是不行啊！"许振超说，语气很急。朱广太沉吟半晌，说："这样吧，老许，你赶紧写一份详细的报告，我亲自送交常局长（青岛港组建集团之前，常德传一直是港务局的局长，虽然当了董事局主席和总裁，但青岛港许多人还是习惯叫他常局长）。你不要隐瞒事实，要向常局长如实汇报。你不要有任何想法，你这是给我们自己家里做事，别人说你什么都别管，我给你顶着。"

听了朱广太这番话，许振超心里有了底，立刻动手写起了报告。

但这份报告还没有交到常德传手里，情况就发生了出乎所有人意料的逆转。

→ 决　断

★★★★★

11月23日，常德传带着集团的几个副总来到安装现场。

常德传是带着忧急来的。原计划是21日必须吊装成功，届时举行明港公司的开业大典。可过去两天了，现场给他的报告还是莫知所谓。常德传脸色铁青地在工地上转圈，用手指点着零乱的现场，对身后的人说："都过去这么长时间了，一点儿进展都没有，公司怎么如期开业？集装箱业务怎么开展？"见周围的人都不吭声，常德传大声说："今天我要第一次自己一个人说了算。总指挥张宗工作不力，就地免职，另选能人。你们说说，谁能干这个工地总指挥？"

"许振超也许行！"隔了半天，才有人说了一句。

"听说他现在就在施工现场。"站在常德传身边的一位副总补充说。

常德传的眼前立刻闪现出一个瘦小精干的工人的身影。1989年，青岛港评选最佳桥吊司机，这个名叫许振超的工人就榜上有名，因为就是在他和几个同伴的努力下，青岛港集装箱装卸从零起步，很快达到了10万标准箱。常德传记得是自己亲自给他颁的奖。1990年2月16日，青岛港召开首届科技大会，一批在发明创造和科技革新方面卓有成就的科技人员受到表彰。获奖者中，只有许振超的身份是普通工人。常德传记得自己那次给许振超颁奖时还说了一句话："你是咱们工人中的秀才，革新当然要搞，但你还有一项重任，要带着你的伙计们力争在世界海运行业里争第一、拿金牌。"常德传当然不会想到，在自己说完这番话的十三年后，许振超果然就带领着他的桥吊队创造了令世界海运业为之震惊的集装箱装卸世界纪录；又过了一年，常德传代表整个青岛港将一块"金牌工人"的匾牌颁发给了许振超。此是后话——1994年，青岛港派遣一个6人专家小组，前往荷兰、巴西、德国和香港的一些世界著名港口考察学习。专家小组的成员除了高级工程师就是资深的技术主管，那一次，许振超依旧是其中唯一的工人身份的成员，但常德传毫不犹豫地签了字。他知道，就是这个许振超，在当了桥吊队长后，不仅自己创下了不少足以傲视同行的骄人绝活儿，更让一支基层作业队里涌动起一股苦练技术、勤习专业的创新热潮。"只要是像这样的工人，有一个算一个，我们都要想办法、创条件，让他们跟专业的科技人员一起到国外去，开阔视野和眼界，接受新技术的熏陶。也许他们的学历很低，也许他们的文化层次不高，但只要给他们提供适合于他们成长和成才的条件，他们的创造力就会不断地爆发出来，而且，一旦爆发，就有常人难以想象的惊人的能量。"在高层办公会上，常德传说起许振超，很是慷慨激昂。

而许振超显然没有让常德传失望。一年后的1995年，青岛港集团为了满足集装箱快速发展的需要，决定将位于青岛港老港区8号码头南岸47泊位的两台桥吊移到北岸49泊位。这项任务落到了许振超身上。通常，移动桥吊都要先将桥吊装到驳船上，经海上运到指定位置再安装。可在当时，集团没有租到这种驳船，况且，如果采用水上迁移，会影响码头其他泊位的正常作业。怎么办？许振超就整天围着码头转，翻来覆去地想桥吊北移的事。经过反复考察测算，他很快提出了一个大胆的设想：走水路不行，就走旱路。设想有了，要具体实施当然不是件容易的事。桥吊历来是靠轨道行走的，而为了移位临时在码头坚固的混凝土地面上铺轨道，一来造价高，二来工程复杂。但如果不铺轨道，移位时，会因桥吊的巨大压力，使桥吊陷进码头导致事故。为解决这个难题，许振超又提出了"整体分解，化整为零"的办法，就是先把桥吊上的四组轨道行走轮卸下来，再给桥吊的四个支腿各装一副"大脚掌"，最后给"大脚掌"的四角分别安上滑轮，为的是减轻压力，便于行进。移动问题解决了，还面临着一个关键的问题，就是桥吊在行进过程中必须转体180度，如果直来直去地移，桥吊的前后就掉了个个儿，无法生产作业。许振超就一面查阅资料，一面到处找专家请教，最终设计出了一条"3"字形运行路线，就是先把桥吊倒退到"3"字形路线拐弯处，再使桥吊调头向前移动。而在走这个"3"字形的路线中，桥吊自然就完成了两次90度的转体。桥吊迁移因此大获成功。在桥吊投产仪式上，从领导到工程技术人员都高度评价了这一创举，并盛赞许振超创出了桥吊移位"不走水路走旱路"的奇迹……

　　现在，这个名叫许振超的工人再次让常德传激动起来："这个人我知道，开桥吊出身，聪明肯干，人也扎实，不虚浮，我觉得他应该没问题。大家有意见吗？"见众人都没有表示出异议，常德传下了决心："好，就这么定了。把许振超叫来吧！"

→ 受　命
★★★★★

上午11时30分，许振超正在码头转悠，有人急慌慌地跑来喊他：

"快，老许，局长等着见你哪！"

"局长找我能有啥事？"路上，许振超问。

"说不清楚。我只知道局长10分钟前刚刚把总指挥张宗的职务给撤了。"

许振超大吃一惊，虽然到现场已经有些日子了，但他根本就不知道总指挥到底是谁，指挥部究竟有哪些成员。他以前见张宗到现场开会，还一直以为张宗只是作为机电处的副处长，下来检查和指导工作。

对常德传，许振超大为敬服：虽说现场安装的种种失误肯定与总指挥张宗有关，但毕竟，张宗是他常德传的徒弟呀！能毫不讲情面地撤掉自己徒弟的职务，这样的领导显然是公正而无私的，也是值得敬佩的。

但是，这与自己又有什么关系呢？前一天，朱广太让他写一份报告，而这份自己尚未完成的报告最后将交到常德传手里。"也许局长已经提前知道了，叫自己来就是为了询问关于报告的事情吧！"许振超想。

许振超走进指挥部简陋的会议室。

常德传从椅子上站起身来：

"振超老弟!"

"局长。"许振超叫道,心里突然有了一丝忐忑。

"老弟,我就开门见山了,桥吊安装的情况估计你都了解了,实话跟你说,我不满意,非常非常不满意!所以,你来之前我刚刚撤掉了现场总指挥,我想让你接下这副担子。怎么样?有没有信心在年底之前,也就是12月31日24时之前,给我把桥吊装起来!"

许振超有些发蒙,常德传的话完全出乎他的意料。现场的这些人,谁都比他级别高,谁都比他学问大。总指挥的职务再怎么轮也轮不到他这个仅仅是初中毕业的老工人兼小小的副科长吧!如果真让自己干,也太"小材大用"了。

有好一会儿,许振超都像根木头似地站在那里,脑子里一片空白:局长不会是说笑话吧?我当总指挥,那些曾经指挥过我干活的领导往哪儿摆啊?再说,12月31日距离现在只有短短的37天——按常规操作,那两台新型桥吊的安装,至少需要三个月时间。要在37天内干完三个月的活,可能吗?

许振超觉得,总指挥的担子,对他来说,实在是太重了。

他不能不在犹疑和重重顾虑中反复掂量。

常德传不说话,静静地注视着许振超,目光中充满期待和信赖。

这目光,激发起许振超心中的一腔豪气:干吧!我又不是什么有头有脸的人物,患得患失,有那么多的顾虑,有那么多个人得失方面的考虑;我有什么害怕失去的呢?干好了,咱对青岛港、对集装箱的发展是一个贡献;即使干砸了,大不了咱再回去当工人,再去干桥吊——那本来就是咱最热爱的老本行啊!再说了,装桥吊这又不是第一次,当总指挥,不就是把握把握现场进度,搞搞指挥、协调,能有多难?

干吧!

许振超打定了主意。

"常局长,这活儿我接了!"许振超说,声音很硬朗。

常德传笑容灿烂,说:"从现在开始,我正式任命你为桥吊安装现场总指挥。只要是现场的问题,你都可以直接打电话找我。"

"这可是集装箱码头西移的关键一役,许总指挥,马上安排工期吧。"常德传又说。

说完,常德传离开现场。那天下午,常德传有一个重要的会议要参加。

常德传走后,一位副总上前拍拍许振超的肩膀:"老许,你这是临危受命啊!好好干!"其他的几位副总都不作声,只是纷纷上前,挨着个儿地拍他的肩膀。

很奇怪地,许振超的心突然又沉重起来,而且,副总们越拍他,他心里就越沉重。

因为他又想起了那如火烧眉毛般的工期。12月31日24时前,他这个总指挥必须让新桥吊在前湾港码头矗立起来——而留给他的时间只有37天。

可局长的令牌已经接下,他已经没有退路了。

许振超咬了咬牙:干!

→ 灵 光

★★★★★

接下任务，许振超办了两件事：一是打电话告诉妻子许金文："从现在到年底我不回去了。这里吃得好、住得好，你就放心吧。"二是买了 10 箱方便面，搬进了用来充当临时办公室兼卧室的一个旧集装箱。

正是隆冬季节，天寒地冻。现场又几乎没有什么生活设施，后勤送的热水根本不够喝，必须跑一里多的路找消防栓接水。吃饭要到三里地以外，错过时间只能啃凉馒头、嚼方便面；困了就把集装箱墙角的纸壳放平，裹上军大衣打个盹儿。零下十几摄氏度的天气，集装箱里外一样冷，他常常会在半夜里被冻醒。早晨起来，脸盆里的水早就冻成了冰坨……

生活和环境虽然如此艰苦，却丝毫没有影响到这位新任总指挥的工作激情和速度——上任后的第二天，许振超就做出决定，全面推翻厂家的安装方案，并准备更换装卸设备。

传统的桥吊安装是从下至上，一件一件像垒积木，用水吊吊着高空作业。它对码头平整标准要求非常高，但前湾港还是一个在建码头，并不具备这样的安装条件。

　　许振超的做法是，尽可能在地面拼装零件，减少高空吊装环节，先把桥吊的门腿安好，然后从大梁以上，包括大梁、机房、支撑架、司机室，全部在地面组装好，改用1000吨大型水吊将组装好的650吨重的上半部分吊起来，与门腿对接。

　　新方案遭到厂方安装指挥的坚决反对，他们还专门将生产厂的老厂长请到现场，主持安装。老厂长姓姜，在起重和吊装方面，是国内著名的专家，许振超也早就听说过老厂长的大名。但是，在这位令他尊敬的老专家主持下搞出来的三个新方案却让他大惑不解，他甚至以为整个方案只能用"原始、野蛮、落后"这六个字来评价：第一个方案中，有一个环节是将桥吊大机房的一半切割拆除，变相降低吊点，然后在高空对拼、焊接。第二个方案是在前T型架上重新焊出一个吊点，而吊点的焊接现场还做不了，必须到外面去做，仅此就得耗去差不多三天的时间——第一个方案因为吊具的提升高度不够失败了，第二个方案自然也成功不了，因为吊点更高了，更是水吊所达不到的高度。第三个方案中虽然也变换了吊点和索具，却没有考虑到吊装大梁的时候，水吊的钩头夹角根本不够，结果大梁吊起来后对接不上，因为吊钩在提升到一定的高度后角度就基本固定下来，无法变化……

　　许振超的工作日志中，就记录下了其中一次失败的吊装：

　　按上海××厂新吊装工艺，后大梁移至1、2泊位前沿，右侧在桥吊海侧轨道上方，四个胎架下面均垫上了4公分厚的木板……后大梁进行原吊装耳割除。前上横梁梯子、栏杆、后拖缆平台焊接；T型架安装到位……起钩时，右侧安全钩被刮坏，支座扭曲、变形……

O21
临危受命

三试皆败，无人再言语，许振超这才得以实施自己的吊装方案和工艺。

　　觉得是自己方面的方案延误了工期和进度，厂方指挥开始积极为实施许振超的新吊装方案联系 1000 吨大型水吊。"我们港机厂就有一台1000 吨，调到青岛来，应该不会有问题。"厂方指挥对许振超说，"我已经将报告传真回去了，厂里很快会给我通知的。"

　　许振超听了很高兴，觉得有了 1000 吨水吊，吊装的成功至少就有了一多半把握。因为 1000 吨水吊无论从起重量还是提升高度上，吊装桥吊都绰绰有余。他马上与集团技术中心主任张庆财就 1000 吨水吊的吊装和总装工艺、工期进行商讨；给局长常德传打报告，倒排出工期进度表：第一台桥吊预计在 12 月 13 至 15 日试车，第二台预计在 12 月21 至 22 日试车。张庆财看完后，点头说："我看可行，可以报给局长。"

　　原总指挥张宗离开后，张庆财就受命时常到现场来，从技术上为许振超提供支持和保障。

　　但 12 月 1 日那天从上海方面传过来的消息，却给了许振超兜头一盆凉水：港机厂的那台 1000 吨水吊刚刚被上海市政府征用到卢浦大桥施工，不能调往青岛。但厂方说他们经过多方寻找，最终联系到南海的一台 900 吨水吊。

　　许振超只好与厂方指挥重新计算 900 吨水吊的吊装方案。

　　但对着上海方面传过来的水吊工艺图纸，计算来计算去，起升高度与实际吊装要求，总是差 1 米。

　　许振超心里暗呼：糟糕，要坏事！

　　那天，他心事重重地去找张庆财："900 吨水吊用不上啊！工期可能要往后推，是不是要向局长报告一下情况？"

　　张庆财想了想，说："我的意见是再等等。水吊高度只差 1 米，能不能再想想其他办法。当然，如果最后实在不行，也只能向局长报告了。"

与张庆财分手后，许振超沿着海边漫无目的地走着。海风吹得斯斯文文，海水也在他脚下不紧不慢地涌动着；渐渐地，风速在加快，看远远近近的海面，海水也在努力提升着高度，并开始以波浪的形式，一波一波地涌向海岸——

涨潮了。

许振超的心里突然灵光闪现：何不利用涨潮时海水水面的升高，来弥补水吊高度的不足呢？这样一来，新方案就完全可以照计划实行了。

许振超大喜，拉上指挥部的几个人兴冲冲地一起去找张庆财，把自己的想法一说，大家都觉得可行。

12 月 12 日，装载着 900 吨水吊的 HB108 船由北海 102 拖船拖航，从南海起航。

→ 问　题

★★★★★

数年以后，许振超还会一次次地回忆起当初任桥吊现场安装总指挥的经历。"那真是好事多磨啊!"每次他都会感慨万千地说上一句。

事实也正是如此：问题和矛盾，差错与意外，总是一个接一个，而且一个比一个要命：

900 吨水吊起航后不久，遇到 9 级以上大风，只好驶进南奥岛避风。这一避就是 10 天。

着急上火的许振超每天都密切地关注着水吊要经过海域的气象预报。12 月 21 日，他接到天津海工调度传来的最近三天海洋气象预报：9、10、5 海区（分别为广东、福建沿海、上海长江口一带）风力为 6 到 8 级，9、10 海区浪高 3 到 4 米。

风力已经有所下降，浪高似乎也影响不大，他的心这才略宽了宽。

果然，第二天就有消息说，900 吨水吊已经重新起航，正常情况下一周后可以抵达青岛。

许振超有一张中国地图的光盘，他打印出东海、渤海、黄海海域图，然后再多次放大，标上经纬度。水吊每天走到哪儿，他就在图上标出一个小点。HB108 船过厦门了，过福州了，进入浙江沿海了；航速超过 8 节⋯⋯早、中、晚三次，盯着地图，记录下 900 吨水吊的航程，成了他每天必做的功课。

当然，他还有别的功课也同时抓紧在做。

按照 900 吨水吊的吊装方案，门框大车要在突堤处多次转向、移位，这对码头的地面承载能力显然是一个大考验。许振超与厂方指挥商量后决定，用铺设钢板的办法来分散地面载荷。除了场地，桥吊前、后大梁在地面的组装也基本完工，只等最后的吊装了。

到 12 月 23 日，门框的移车工作结束，282 米长的临时轨道铺设完毕，补漆等零星工程，用不了一天时间就可以搞定。

对于许振超来说，现在是万事俱备，只欠东风了。

△ 工作全神贯注

　　12月23日下午,关于HB108船又传过来一个坏消息:在舟山群岛附近, 拖航 HB108 的北海 102 拖轮主机坏了1台, 只好单机航行, 航速只有 4 节。也就是说, 许振超不得不因此再多等上几天了。

　　本来时间就已经很紧张了, 现在又多灾多难地来了这么一出。

　　这真是"屋漏偏逢连阴雨"啊!

　　对许振超,那简直就是一场噩梦。他连声叹息, 却又无可奈何。

　　他给常德传打报告, 讲明情况的变化。常德传在他的报告上批了两句话:人毕竟不能胜天! 安全第一, 工期不要排得太紧!

看了常德传的批语, 许振超感觉到一丝温暖 : 毕竟, 局长体谅我, 也理解我的难处。

但并不是所有的人都能像常德传这么理解他。

施工现场因为没有任何生活设施, 根本没法烧开水。但那么多参加施工的工人和技术人员在严寒的侵袭下需要多喝点热水。许振超从来到现场后就知道后勤部门没有热水供应, 现场的人全都口出怨言。他那时不好说什么, 可当了总指挥之后, 他就觉得不能再这样了。他去找后勤的经理和书记, 讲现场的难处, 希望对方能够给予支持。面对他时, 都答应得挺好, 可过后情况照旧。他打电话过去催问, 对方总是说:"哎呀, 我已经跟下面说过了。这样, 我找机会再说说。"

电话一搁下, 从此又没了下文。

这是怎么一回事啊? 他搞不明白。他恼, 他怒, 他心里憋气。他想骂娘, 却又不敢。他知道那样一来, 不仅无济于事, 或许对自己以后开展工作更不利。

许振超不甘心, 他继续去找。开水真不是个什么大不了的事情, 可现场的安装人员在严寒中出力流汗, 如果连口开水都喝不上, 他们能不在心里骂娘吗? 一旦有了情绪, 还怎么干活? 到最后, 能不影响到安装的进行吗?

他知道, 为了青岛港的发展, 为了常德传局长的千斤重托, 也为了自己临危受命时的那份慷慨与豪迈, 他必须低下头颅弯下腰。他得豁出去了:

"帮帮忙吧! 就算老许求您了!"

"哎呀, 许师傅, 我不是说过了嘛! 该解决的我一定会给你解决的!"

对方依旧在打着哈哈。

许振超绝望了。

走出那间他一辈子都不想再走进去的办公室，许振超积郁已久的火控制不住了："找常局长，我告你们去！"

当然，许振超最终打消了找常德传告状的想法，因为当他拿起电话的时候，他犹豫了。局长管着青岛港这么大一个摊子，有多少事情需要他去管、去操心啊！他知道只需要常德传一句话，问题立刻就可以得到解决，但如果连这样一件小事也要让局长亲自出面，那自己这个总指挥还当个什么劲呢？

罢了，还是多花点工夫，自己解决吧！

——或许，他也只能这么想了。

当然，还有比开水更大的事情。

现场施工，需要大量的辅助机械。管设备的副经理以前跟他一样都在基层作业队当队长，彼此关系向来不错。他给副经理打电话，副经理答应得特别爽快："这是咱分内的事情嘛，没问题。"可到时候不是该来的机械不来，就是来的又不是他想要的。再打电话过去，对方就一味搪塞，而且总有一大堆的理由。

有一次，他想给现场要一部交通车。现场经常会需要一些应急的材料，也常常需要临时请一些相关的人员到场解决问题，如果他这个总指挥手里有辆车，拉人、运材料都要灵便得多，可报告递上去了，恳请的电话也打了无数遍，最后也没给他派部车……这样的事情不止一次，他后来索性连电话都懒得打了。只是，他怎么想都想不明白：西移对青岛港是多么大的事情啊！如今，桥吊的安装又到了如此关键的时刻，各个单位都应该同心协力，劲往一处使，可为什么偏偏就有人只念自己的那本经呢？

幸亏现场有个张庆财。

为了保证桥吊的顺利安装，必须对主机做高压线耐压试验。因为费用必须由厂方出，供电部门一位姓肖的科长就到现场与厂方的指挥洽谈价格问题。供电部门的报价是单机3万元。厂方不接受，说准备从上海调人来做。可这样一来，时间就更耽误不起了！对此，许振超难以置喙，因为双方都有各自的考虑：供电部门的收费标准着眼点在维护青岛港的利益，而厂方指挥显然也不愿意让自己的港机厂受损。这时，张庆财出面给供电经理做工作。"桥吊安装是全港的重点项目，工期极为紧张，供电部门应该有全局观念。我认为在价格问题上能够保本就可以了，甚至赔本也要做。"张庆财在电话里这样说。

张庆财的电话显然对供电部门产生了很大的震动。供电部门的负责人为此专门开会研究，最后达成共识：即使损害到供电部门自身的利益，也要全力支持桥吊安装工作。

很快，供电部门再次来人，表示每台桥吊主机收费标准为2万元——这样的价格对供电部门而言，连保本都不够。

厂方指挥同意了这个价格。

两天后，按照计划对主机做了高压线耐压试验。

⊙ 郁　闷

★★★★★

12月26日，天津海工调度将900吨水吊在海上的位置传来。许振超查了查地图，告诉张庆财和厂方指挥："水吊这两天该到了。"

许振超来到现场，监督施工人员拖移1、2号桥吊的门框。

28日，在青岛港集团总部的三楼会议室，指挥部召开联合协调会，许振超通报了900吨水吊和HB108船的情况，对即将到来的吊装进行安排和布置。张庆财则强调说："900吨水吊对吊装至关重要，如白天到港，必须提供准确的靠泊时间，尽快安排使用。还有，水吊一天的费用是12万元，我们必须抓紧时间……"

2001年12月29日中午时分，HB108船进港，许振超朝思夜盼的900吨大水吊终于到了。而这时距离吊装成功的最后期限不足三天。

许振超知道，属于自己的时间，是必须以秒来计算的。

他做出了第二天下午进行吊装的决定。

因为水吊距离安装高度相差 1 米，只能在潮水最高的时候进行操作。按照预定设计，安装桥吊的轨道斜伸到码头边沿，装有滑轮的门腿沿着轨道向靠在码头上的水吊靠近。事先水吊已经将桥吊的大梁部分稳稳地吊起，只等着潮水涨高，水吊上浮，大梁高出门腿，将大梁与门腿对接。而从最高潮到落潮只有短短的一个多小时。

30 日下午 3 时许，潮水来了，并渐渐上升到最高点；但是，地面辅助机械却迟迟不到。过了大半个小时，需要的机械才拉到。司机走出驾驶室找许振超报到："老许，到了。"许振超气得两眼冒火，但也只能苦笑，摇头无言。

此时，最佳时机已经错过，潮水开始下落。许振超不死心，继续指挥用水吊把组装件吊起来做空中对接，但就差 5 厘米，怎么也装不上。水吊和桥吊还险些被刮倒。如果不是 HB108 水手的果断配合，还保不定出什么大事。

下午 4 点多，常德传到现场察看。许振超正窝着一肚子火，观察空中吊装。常德传拍拍他的肩膀："老许，想什么呢？"许振超回过头来："局长，我什么都不想说。但是请您放心，我豁出命去也要把桥吊给您竖起来。"

常德传听了，果然不再说什么，只是又使劲地拍了一下许振超的肩，离开现场。

夜里，许振超怎么也睡不着，就走出集装箱，来到海边徘徊，他心里难过、激愤。都知道他是总指挥，是局长亲自任命的，集团还下发了正式的红头文件，但为什么在很多事情上他就是指挥不灵呢？

后来他才知道，因为有些人根本就没把他这个"总指挥"放在眼里——有人就曾在私下里说过："你一个工人临时总指挥，能当多久？"

面对着眼前黑漆漆的大海,许振超大喊:"我不想当什么总指挥,这是青岛港的桥吊,我就想把桥吊竖起来。你们为什么不理解我?这到底是为什么……"

→ 成 功

★★★★★

12月31日,2001年的最后一天。那天正好有风,潮高比标准潮高多一点儿,这为桥吊的最后矫正安装抢了一段时间。

下午1点,地面所需的辅助机械提前赶到。许振超略感放心。

更让他放心的是现场安装工人和技术人员的干劲和心气。他知道,吊装拖了这么长时间,他们每个人都感到窝火,每个人的心里也都憋足了一股劲。

这样一种心气,这样一股劲,当然是吊装成功的最大保证!

下午2点30分,许振超令900吨水吊将桥吊后大梁起吊,等候涨潮。下午4点,潮起,现场安装工人和技术人员齐心协力,后大梁顺利进入门框,但要准确对接,高度依然差着十来厘米。到下午4点半,潮水达到最高点。

"门框移动对位!"——许振超通过对讲机发出指令。

在上涨潮水的托浮下,水吊缓缓升起。变幅对位后,组装件在50米高空对接成功!然后穿海侧连接螺栓,顺利。

许振超松了一口气。

下午5点,桥吊陆侧右安装孔错位。许振超惊出一身冷汗,立刻发出矫正、对位指令,化解了有可能出现的危急局面。

下午6点30分,最后一个螺栓安上,900吨水吊松钩,吊装终于成功。

许振超攥起双拳。

站在边上的厂方安装指挥紧紧抓住他的手,什么话都说不出来,只是使劲地摇。

安装的工人从桥吊上下来后,纷纷把安全帽扔向空中。现场沸腾了,一片群情激昂的欢呼声。

晚上10点17分,所有的安装程序结束。1300吨重、150米长、75米高的桥吊终于矗立在前湾宽阔的码头上。

工友散去后,许振超独自行走在海边。寒夜里,他一次次回头凝望着星光下那座高大的桥吊,这个很少流泪的硬汉子,眼眶湿润了。

那天夜里,许振超发起了高烧。

第二天是元旦,他没有吃早饭,摇摇晃晃地又上了工地。桥吊虽然矗立起来了,但后面还有许多后续的工作要做:加固、调整、穿钢缆,还要调试和试运转,这都是些精细的活儿,如果不在现场盯着,他心里总是不踏实。可指挥部和现场所有的人都坚决反对他继续留在现场,甚至以集体罢工相"威胁"。他知道大家是好意,便不再坚持。他安排了专人负责现场,又千叮咛万嘱咐地交代了许多的注意事项,这才昏头涨脑地往家赶。

在路上，他就感觉自己的身子像散了架一样，走路都发飘。

进门后一头栽倒在床上，一躺就是两天……

如今，这台编号"21"的普通的桥吊，已经成为青岛港西移的一面旗帜、一座丰碑，同时，也在许振超的记忆中刻下了最难忘怀的印记。

→ 如　愿

★★★★★

2002 年 2 月 11 日，春节的前一天，明港集装箱公司正式开业，公司拥有可以接卸世界上最大的集装箱船舶的实力。青岛港的合资伙伴、英国最大的航运公司——铁行公司中国首席代表高津华在常德传面前竖起大拇指："中国工人用两年的时间，就建起了在英国十年也难以建成的世界一流码头，了不起！"

常德传听了，心里高兴，嘴里却一个劲地谦虚："哎呀，小意思，不值得一提。"

喜庆的鞭炮噼噼啪啪地响起来。许振超站在人群里，咧着嘴，脸上笑开了花。突然听见常德传在前面大声地问：“许振超呢？许振超来了没有？”他赶紧挤过去：“局长，我来了。”“好，你这个总指挥干得好！你可是公司的功臣啊！”常德传由衷地说。“我这个总指挥是局长您任命的，没您给我的尚方宝剑，我啥也干不了。”许振超说。刚说完，感觉有人在后面拍他，回头一看，是明港公司的总经理朱广太。朱广太笑呵呵地对许振超说：“老许，留下来吧！局长已经说了，你是咱公司的功臣。说吧，想干什么由你挑。”许振超兴奋起来：“我是干桥吊出身的，如果让我挑，我还干桥吊！”“行啊！这本来就是你的老本行嘛！”朱广太立刻答应了。

　　许振超的履历中，从此有了这样一个记载：明港公司第一任固机队长！

　　六个月后，他又成了第一任桥吊队长。

绝活儿

许振超

➡ 调　令

★★★★★

　　许振超当初的理想，也是读大学、读博士。

　　在青岛二中读初中时，他是一个多才多艺的学生，会拉二胡会吹笛子。更难得的是，他还是一个各科成绩全优的尖子生，也是学校科技小组里最为活跃、最具创新能力的成员。初中毕业后读高中，然后去上全国的名校——清华大学，再然后，搞研究，当一个成果无数、造福人类的大科学家——这是他为自己设定的一条人生之路。常常，少年许振超会神思恍惚，沉浸于对未来的想象中，一脸神往。

　　但造化弄人。他的梦想凋零在"文化大革命"的飓风狂澜中。

　　1967年的夏天，走出青岛二中的许振超，唯一的感觉是自己的梦想破碎了，他不知道自己今后的路在哪里，究竟该怎么走。一个17岁的少年，没了主张，没了方向，就像一叶浮萍，在高音喇叭和震耳欲聋的革命歌曲的声浪中，漫无目的地飘荡。

　　高中，清华，科学家——这一切，本来都可能属于他的，可现在，通通成了泡影。为什么会这样呢？

他想不通。他稚嫩的心，被一种巨大的忧伤击中了。

但生活毕竟还要继续。

不久，许振超到青岛国棉七厂当工人，司职烧锅炉。

烧锅炉纯粹属于一种体力活，用铁锹一下一下不断地往锅炉的肚子里填煤，当然需要有充沛的体力。全厂几千号人的取暖、开水什么的，都指着他这么一锹一锹地填呢——有时累得腰酸背疼胳膊发软，他就这么想。一想，就有一种成就感油然而生，浑身顿时又有了力气。

这个身子板还很单薄的半大小伙子不久就引起了人们的注意。干活不惜力、踏实、认真、勤快，应该是个好苗子——这是领导的想法。而领导的想法很快就让他改变了工种：到推纱车间干推纱工。

从锅炉工到推纱工，应该说是"苦尽甘来"了，因为干推纱特别轻松，根本不用像烧锅炉那样，一天到晚地下死力气。所以，许振超离开锅炉房那天，能明显地感觉出另一个锅炉工眼中的羡慕和嫉妒。

所以，许振超感觉挺不错的。

不过，刚一走进推纱车间，许振超就傻了眼：偌大的车间里二百多人居然都是女的，而男工人基本看不见。隔了好一会儿，他才发现男工的影子，细细一数只有三个。

妈呀，这不是女儿国吗？我来这里能干什么呀？

他有点手足无措了。

车间主任给他演示了一遍他应该做的工作。其实很简单，就是把纱装满推纱女工面前的纱车，必须码得整整齐齐的，这样，推纱女工在取纱的时候会顺手些。

应该说，这样的活儿是很轻松的，但许振超却感觉不出轻松来。每天，他都得一次次地从车间的这头走到那头，见某辆纱车上的纱快用完了，就给加满——他也承认，这其实挺简单的，可让他怎么都轻松不起来的，是女工们的眼光。因为不管他走到哪里，都会有女工的目光盯着他，这目光总是让他浑身不自在。

他觉得自己真是太不习惯那样的工作和环境了。干的活儿机械、单调、乏味，每天都是一成不变的程式和内容，根本不需要动任何脑子，甚至，连大力气都不需要出。而且，周围又是一个由女人构成的世界。在那里，他觉得自己都快迷失了。"时间长了，我该不会也变成个女的吧？"有时，他甚至会不由自主地这么想。"哎，要是能换个环境就好了。"他又想。

在他的想象里，他喜欢的工作环境应该是个充满了力量、激荡着阳刚之气的地方，那才应该是真正属于男人的世界。

不过，他一直没有找到这样的地方，直到几年以后。

记不清楚是在一个怎样的场合，他苦着脸向几个朋友诉说自己的憋闷和无奈，他说要是总这么下去，有一天自己非发疯不可。一个朋友就给他出主意，说："你要是实在想换工作的话，就找人对调吧！"

他一听，觉得在没别的路子可走的情况下，这办法还真可行，就拜托朋友们给他到处打听。很快，他得到了一个消息，说青岛港有个工人希望调到国棉七厂。他一听，大喜过望。在青岛，青岛港的名气可是响当当的。港口附近有一个友谊商店，常有来自世界各地的船员和水手进进出出。友谊商店里只能用外汇券购物，所以青岛的普通市民只能远远地看着，觉得那里面很神秘。当然更神秘的还是港口和码头，通往码头有很多个大门，每个大门都有专人把守。许振超记得自己有一次从门口经过，突然想进去看看码头，看看在码头上装卸的外国船，但让两个一脸严肃的门卫一把就给挡住了。后来，革命现代京剧风靡全国，《海港》中大港口热火朝天的劳动场景和码头工人马洪亮那段著名的唱词，更是让年轻的许振超对港口和码头有了刻骨的神往：

"……大吊车，真厉害，成吨的钢铁，它轻轻地一抓就起来。哈哈哈哈……"

许振超觉得，港口和码头应该是个属于男人的世界，而这个世界，正是他一直以来所苦苦寻找的啊！

他用最快的速度约见了那个想调到国棉七厂的人。对方是个跟他年纪相仿的年轻人，他告诉许振超，说自己家在青岛的东面，而青岛港则在西面。"中间距离太远了，要是上早班的话，我凌晨3点就得起床往港口赶，实在太累了。你们国棉七厂离我们家要近一些。"那小伙子说。许振超后来才知道，那个小伙子想对调单位，不仅仅只是缘于距离远近：小伙子当时没有结婚，正在找对象，青岛港虽然名气很大，但码头工人的环境差，工作又苦又累，被人称作"老搬"，"老搬"想找个对象相当难。而到了国棉七厂，恋爱、婚姻问题，是很容易就可以解决的——当然，小伙子的这种考虑，不管是当时还是后来，对许振超都毫无影响。

"你想到国棉七厂，我呢，是做梦都想去青岛港，咱俩能对调，那就太好了，希望我们能各从所愿。只是，我们俩都得加快速度。"许振超说。

"没问题，没问题！"小伙子连声说。

对调的手续一直办了半年。

半年后，也就是公元1974年的初秋，如愿以偿的许振超拿着一纸调令走进青岛港的大门。这次，门卫没有拦他。

"我是一名码头工人了。"走在青岛港港区宽宽的大路上，他的心中充满快乐。

一群码头工人说笑着迎面走来，他们脸上的汗水辉映在秋日的阳光下。有柔柔的海风吹过，舔舔嘴唇，有一种咸涩的味道，一种天生就属于男人的味道。

码头边上，有正在作业的高大的吊车，许振超跑过去,痴痴地看着。看着看着，突然张口吼出了《海港》中马洪亮的那段著名的唱词：

"……大吊车，真厉害，成吨的钢铁，它轻轻地一抓就起来……"

——1990 年，许振超回了一次国棉七厂，在厂里见到过那个当初和他对调的小伙子。那时，当初的小伙子已经是一个大腹便便的中年人了。又过了几年，许振超再回国棉七厂，结果谁都没见到，因为在市场和政策调整的双重作用下，国棉七厂已经倒闭。看着空旷、破旧的厂区，许振超很是感慨。

→ **宏　　愿**

★★★★★

初中毕业生许振超被分配到码头上当皮带机电工。

干了大约半年。

半年时间里，他从一张简单的电路图入手，摸透了皮带机的脾气，更找到了让皮带机少出毛病的关键。由他养护、维修的皮带机，几乎从未在作业期间炝蹶子。同事都很惊讶："小许，行啊，把皮带机都摆弄成你自家亲戚了！"

许振超就谦逊地笑笑，不言语。

那段时间，他心情愉快，在码头，在皮带机边上干活，多爽啊！皮带机有时出了小故障，他跑过去，只消一小会儿的工夫，皮带机就又欢快地运转起来。装卸货物的工人都高兴，因为皮带机正常了，他们的工作才能正常做完。所以，每当这时候，他们就会冲着许振超大声嚷上一句："兄弟，真有你的，谢谢了！"

"不客气，都是为工作嘛！"许振超回答道。心里有一种感觉：美！

到 1974 年年底，他的感觉更美了。

那天，他正在皮带机边上忙活，有人远远地冲他喊："小许，快，头儿让你去一趟。"

到领导的办公室，他才知道，他已被选定去当门机司机。

许振超当时的心情，用今天的话来说，就是"爽呆了"——要知道，跟门机相比，小小的皮带机可就不值一提了。他知道，门机是青岛港当时最先进、最昂贵的装卸机械，每次从门机边走过，他都会出神地看上一会儿，门机直指蓝天的长臂吊杆和装卸货物时总是那么所向无敌的巨大钩头，让他一次次在心里为之赞叹。

而现在，自己就将成为门机的司机了。

感觉就是一个"美"字。

那天，在回家的路上，他还在想着这样一个问题：周围那么多人，领导偏偏只让咱去当门机司机，证明领导是看得起咱、信任咱。那没说的，咱得把活儿干好，把门机开好，这样才能对得起领导的信任啊！

又想起自己曾经有过的科学家之梦，照那时的情形看，他觉得那样的梦想大概是没有实现的可能了。"既然如此，那就在自己热爱的岗位上练出几手绝活儿来吧。以前常有人说，学好数理化，走遍天下都不怕。如果能够拥有了一身绝活儿，不也照样可以大有作为吗？好，就这么定了：咱当不了科学家，那就练他一身绝活儿吧！"

在青岛港，许振超许下了自己的第一个宏愿。

⇒ 苦　练

★★★★★

许振超七天学会开门机，在一起学习的所有新司机中，他是第一个学会和第一个独立操作的。

然而，会开容易开好难。师傅开门机，钩头起吊平稳，钢丝绳走的是"一条线"；到了许振超手里，钩头稳不住，钢丝绳直打晃。记得第一次他实际操作的是矿石装火车作业，一钩货放下，撒在车外的比放进车内的还多。下面的工人着急忙慌地拿着铁锨一阵清理。另一钩货放下，装进车厢的矿石又装多了，工人同样要费不少劲扒去多出来的……有个工人仰头瞪着他，小拇指冲下，嘴里嘟囔着：水平真臭！许振超心里既内疚又憋气。

等作业完毕，别人歇着了，许振超坚持留在车上，练习停钩、稳钩。那时，门机队里有一个独特的工作标准，叫"四稳"、"四满意"。"四稳"是指起钩稳、落钩稳、转杆稳、变幅稳；"四满意"是指自己满意、工班满意、调度满意、领导满意。而这一切的根基则取决于操作门机的技术是不是过硬。门机司机都知道，门机操作的关键在于操作杆，变换的速度、力度、幅度，全指着操作杆来控制。比如你一推杆，吊杆伸出去，钩头自然就跟着摆荡过去。如果吊杆停下而操作跟不上的话，钩头还会依照惯性，继续摆荡过去。这时，就要不停地收拢和变换操作杆的位置，将吊杆与钩头和下面的抓斗找齐、找正，司机们叫"找钩"或"扶钩"，如此才能保证门机操作的稳定，所谓门机钢丝绳走起来一条线，就是由对操作杆控制的稳定性所决定的。

因此，对操作杆的感觉和掌控能力，是检验一个门机司机的试金石，这个道理，许振超很快就心领神会。在驾驶室里，他更多的时间都在练习、感觉和体会对操作杆的掌控力，最后，终于达到了与操作杆心意相通的程度。几个月后，他开的门机钢丝绳走起来也是一条线了，一钩矿石吊起，稳稳落下，不多不少，正好装满一车皮。

"绝了，真是'一钩准'。嗨！"下面有工人在大声赞叹。

这手"一钩准"，事实上只是许振超30年间练就的第一个绝活儿，并且很快就被大家传扬开去。

练成了"一钩准"之后的某一天，许振超在干散粮装的火车作业。他发现，粮食颗粒小，更易撒漏。他便在工作之余，吊起满满一桶水，练习走钩头，直至练到钩头在行进过程中滴水不洒。再去装散粮，几抓斗下去，从舱内到车内，平平稳稳，一点不撒。又一个绝活儿——"一钩清"。

门机在吊装粮食时，吊具一抓斗抓起的重量为10吨。要准确地把抓起来的10吨粮食装入长12.5米、宽2.7米的车厢，很不容易。因为吊车的抓斗伸张开有 3.4 米，比车厢要宽。许振超就反复练习，琢磨抓斗的嘴张多大正合适，终于找出了最恰当的尺寸。铁路在火车装运粮食时，对装车的标准要求很严格，粮食要在车厢内打个尖，高出车厢 80 厘米，码头工人叫其"龙骨"。打这个"龙骨"很难，坡度要合适，坡面要平滑，盖上篷布后，才能不存雨水。而许振超则用他创造的第三个绝活儿——"一钩净"，把这些问题给解决了。

许振超后来还在他开的门机上加了一个小踏板开关，这个小小的开关居然让他的门机工作效率提高了一倍多。这个发明后来在全队推广。

因为活儿干得干净利索，装卸工人的二次劳动大大减轻，所以，许振超开的 13 号门机成为最受装卸工喜欢的机械，谁都愿意跟他搭班。

→ 钻 研

★★★★★

许振超在苦练操作绝活儿的时候，对门机的内部构造、电控原理，知道得其实并不多，更别说修理了。

他那时似乎也没往这方面动过太多的心思。

但一件小小的"意外"，让他彻底改变。

那天上午11点来钟，刚刚完成了一拨作业的许振超正抽空猫在驾驶室里看一本关于机械原理的书，一不留神，胳膊撞在边上的电闸上，门机立刻断了电，瘫痪了，动不了了。许振超傻了眼，急如星火地去叫电工于成恩。于成恩来了，只是稍稍调整了一下门机控制器上的电源线，门机立刻就恢复了正常。于成恩潇洒地拍拍手，说："这么点小毛病，没什么大不了的，看把你急成了那样！好了，你忙着吧，我得走了。"

于成恩是门机队的电工"大拿"，只要是与电有关，他无所不通无所不晓。在众人的心目中，他简直就是个神仙一般的人物。

对此，许振超曾经是将信将疑，但那天于成恩露了这么一手之后，许振超服了。

许振超当然是真心服气于成恩，因为打那以后，他会经常追着于成恩问这问那。于成恩不管是到哪台机子上做修理，他只要闲着，就一准儿跟在于成恩后面，仔仔细细地看于成恩给门机把脉、诊断、做修理。有时，他还会用笔把修理的过程详细地记录下来。边上别的司机看见了，或揶揄或嘲弄地打趣他："怎么，司机不想干了想当电工？"他装作没听见，自己该问的问，该记的记。他心里自有主张：门机出问题了得电工修，这是应该的，但是，如果哪天电工不在现场，而门机恰好坏了，这时该怎么办？停机等电工回来，也是个办法，但那要耽误多少作业的时间啊？如果当时正是一个必须抢时间抢工期的作业，可怎么好？反过来，如果门机司机也有一手修理的绝活儿，那么，问题不就可以解决了吗？

所以，不管别人怎么想怎么说，他一概不理。而于成恩似乎也特别喜欢许振超这股子爱学习肯钻研的劲头，对许振超的疑问，总是尽己所能地给予解答。

——于成恩后来改行搞后勤管理，如今是青岛港集团油港公司服务中心的经理。直到现在，许振超对于成恩还心存感激。

现场勤观察多请教，当然只是一方面；另一方面，许振超开始大量阅读有关的专业书籍。对于他来说，那当然是一种艰难的历程。毕竟，他只有初中学历，基础知识上有着先天性的不足，只能以百倍的勤奋和钻研才能弥补。还有一个实际情况，那时电工和机械维修方面的书相当缺乏，也很难借到。许振超就常常从港口所在的西郊跑到东郊的李村，那里有一个远近闻名的专卖旧书的集市，集市上有不少技术方面的书，价格都相当便宜，而这也非常符合许振超当时的经济状况。在那里，许振超以极低的价格相继淘到了《电工初步》、《工业电器入门》、《电子机械与维修原理》、《机械故障的发现和处理》等专业图书，而且每一本都花死力气去读，每一个公式和原理都要读懂、读透。后来，当他拿到门机的机械图纸和电路图，细细研究了一遍，立刻就有了一种豁然贯通的感觉。

那天，许振超刚刚拉起门机的操作杆，就感觉门机的运转特别异常，好像打摆子一样地时快时慢，他赶紧变换操作杆的控制力度，却无济于事。这时，驾驶室里响起机器的报警声。原来，是门机的一个时间继电器坏了。

当时于成恩正好路过，听到声音就上来了。

"知道是怎么回事吗？"于成恩打眼瞧了瞧，问道。

"我觉得应该是气囊出的毛病。"许振超说。

于成恩点点头："说得不错！"又抬头看看许振超："要不你试试？"

许振超有些犹豫："我能动？"

"可以！"

▷ 观察桥吊运行

许振超撸撸袖子，正要上前，又有些不放心："于师傅，你可得在边上给我看着，该点拨的时候就点拨点拨。"

"没问题，大胆点，上手吧！"于成恩鼓励说。

许振超将机器打开，拆下那个他认为有毛病的时间继电器的气囊。

更换气囊，又对继电器里的两个元件做了调整，重新装好。

启动门机，一推操作杆，一切恢复正常。

"你是怎么想的？"于成恩问。

"继电器是专门用来控制门机的运行速度的。气囊出了毛病，肯定会影响到继电器的工作，门机当然也就跟着不正常了。"许振超说。

"你很聪明，状况分析、处理都很正确。"于成恩点头认可，"这样吧，以后你的门机如果有问题，你就自己修。其实，这里面也有个熟能生巧的过程，你只要理论上搞通了，再加上多上手，以后我们门机队的'大拿'就该是你许振超了。"于成恩又说。

听了于成恩的话，许振超又是激动又是神往。

从那以后，许振超开始自己修门机。有时候别的司机开的门机坏了而于成恩不在，许振超便会热心地跑过去替人家修理，而且，大多情况下都能手到病除。

正如于成恩所说，过了不到半年，许振超以自己的"一钩准"、"一钩净"、"一钩清"和维修门机的多种绝活儿，成了机械四队和第二作业区无人不知的"大拿"——当时，门机队的全称是青岛港务局第二作业区机械四队。

→ 好　人

★★★★★

1983 年年底，一个叫孙孟俊的人从香港回到了青岛。孙孟俊是青岛港派往香港学习和接受培训的，学习的科目是桥吊技术和集装箱装卸。到 1984 年春节，就有消息传出，说青岛港将购进多台桥吊，成立集装箱公司，大力发展集装箱装卸业务。

而负责筹建集装箱公司的，就是那个刚从香港回来的孙孟俊。

这个消息，许振超在第一时间里就知道了。

他那时并没有意识到，他此后震撼全国的桥吊传奇竟然就是从这个孙孟俊身上开始的，但他却知道，他应该去见一见孙孟俊。因为，在春节前的一期电视节目里，他看到了广州港集装箱公司开业的盛况，还看见码头沿岸一字排开的好几台巨型桥吊，那种大家伙装卸起集装箱来，又快又稳。而那显然是门机所无法相比的。

"我们青岛港将来一定会用上桥吊，如果那样的话，我一定要争取当第一批桥吊司机。开着那种大家伙，感觉肯定差不了。"他想。

然后，他就得知了青岛港将成立集装箱公司的消息。

虽然与孙孟俊素昧平生，但在打听到孙孟俊的住处后，他骑上自行车就找去了。

"我叫许振超，门机队的。"许振超自报家门。

孙孟俊是一个很儒雅的中年人，他微微一笑，说："我知道你，都说你是门机队的'大拿'，我想你的技术一定不错! 你找我有事吗? "

"咱青岛港要成立集装箱公司，这个公司是您负责的——我不瞒您，我想当桥吊司机。"许振超说。

"门机跟桥吊有很多相通的地方，你既然门机技术好，想来开桥吊应该很适合。你的心思我知道了。这样吧，你先回去，有消息我们会通知你的! "孙孟俊说。

许振超回去的路上心里一直很忐忑：他能记住我吗? 他该不会忘了吧?

作为集装箱公司的第一任总经理，孙孟俊当然没有忘记许振超。

在公司，他曾不止一次听人说起过许振超，说许振超是多么肯钻研，技术又是多么多么好。集装箱公司刚刚成立，当然需要这样的人才。

一个月后，许振超被调到新成立的集装箱公司桥吊队，当了一名桥吊司机，也是青岛港历史上的第一批桥吊司机。

不过，刚开始的一段时间里，许振超没有桥吊可开，因为新的集装箱码头还在建设中，从上海港口机械厂订购的桥吊也没有到青岛港。但许振超是不会浪费这等待的时间的，他想方设法地借到了一套桥吊的结构图纸，准备提前先熟悉一下情况。

刚看了一眼，许振超就懵了：门机的结构图一张图纸就够了，他闭着眼睛都能默画下来；可桥吊的结构图纸却有厚厚的一本，100多页，而且全部是英文的! 他看不懂!

看着手里那沓图纸，许振超觉得自己的头都大了，别的司机劝他说："等桥吊到了，我们学会开就行了，上面也没要求我们看懂图纸。"许振超说："咱们是公司挑的第一批司机，以后要带徒弟。不学看图纸怎么行？不会就学，我许振超绝不能这么轻易趴下。"

于是他就开始学。图纸上是英文，而他完全不懂英文，就从英文开始学起。正是1984年初夏，公司将他和另外四名司机送到上海港学习桥吊驾驶技术。抽空，他上了一趟书店，买回一本《英汉电子词典》。每天晚上，他独自一人守在宿舍里，对照着词典，一页一页地研究桥吊的图纸。而难度之大，是许振超此前从未体验过的，那一个个英文单词全都好像跟他有仇，明明是10分钟之前好不容易认得的，可10分钟后就变了脸，他再看时，根本就不知道谁是谁了。

没办法，接着记。他用的是笨办法：把英语单词抄在本子上，随身携带，有空儿就反复地背。他后来接受记者采访，说起过这段经历。他说自己当时经常是咬着牙、瞪着眼，恨不得把那些单词都生吞活剥了。

三个月后许振超和同伴们回到青岛港。学会了怎么开桥吊，可桥吊依旧没到，许振超就继续对着词典跟英文单词和桥吊图纸较劲。

集装箱公司有个叫张连刚的技术员，人年轻，有学问，技术好，周围的人都很佩服他。张连刚还有一样好处是为人热情，诲人不倦。许振超那段时间里不管是英文还是图纸，只要有不明白的，就去找张连刚请教，张连刚每次都耐心地讲给他听，讲完了就问："听明白了吗？"见许振超摇头，张连刚就再讲一遍，有时甚至三四遍，讲到连许振超都有点不好意思摇头了，张连刚却一点都不烦。看着张连刚，许振超就会想起门机队的电工于成恩，他觉得自己真是很幸运，净遇见好人、好老师。

1985年年初，桥吊到了。桥吊是散件，用船运来的，许振超和大家一起把散件卸下船。然后，上海港机厂的工人和技术人员就开始安装，许振超和其他几个司机跟在边上看。

桥吊的安装持续了整整一年，许振超也在现场整整看了一年。有时他也在心里怨安装速度太慢，但毕竟，看安装的过程也是一种学习的过程。而且，他亲眼看着桥吊一点点长大起来，心里对桥吊的感情也在一点点加深，感觉就像在看着自己的孩子慢慢成长——后来，青岛港又陆续购进了许多台桥吊，但在他的心里占据最重分量的，除了2001年年底他任总指挥吊装起来的21号桥吊，就是这台1号桥吊。

→ 传　奇

★★★★★

1986 年，青岛港第一台桥吊终于在码头上立起来，许振超也终于开上了桥吊。

第一次上机实际作业，许振超的成绩并不好。集装箱上有四个锁孔，从几十米高的桥吊上看下去，很难分辨，更别说将空中摆荡的吊具放下去，一次把锁眼都对齐，把集装箱抓牢靠、吊起来。就是这四个锁孔，让许振超对了五次，花了整整三分钟时间。他这才明白，要摸透桥吊的脾气，将桥吊开得得心应手，显然不是轻易就可以办到的。

许振超又开始了新的钻研。为了在最短的时间里准确地对齐四个锁孔，他玩命地练习手上功夫，因为只有手上功夫到家了，才能让吊具减少晃动，才能准确地对孔。可能是练得太狠了，有一段时间，他的胳膊几乎疼得抬不起来。一年后，他终于功德圆满："一钩准"曾是他开门机时练就的绝活儿，如今，经过反复琢磨和长时间演练，他又在桥吊上练成了同样的绝活儿：操作中，他上扫集装箱边角，下瞄船上装箱位置，手握操纵杆变速跟进找垂线，又轻又稳，又准又快——三分钟对齐四个锁孔，从此成为历史。

桥吊作业时有一个高、低速减速区，许振超发现，减速早了装卸效率下降，减速太迟又影响货物安全。于是，他带上皮尺反复测试，终于成功地将减速区调到最佳位置，使作业效率提高了近四分之一。

1989年，许振超被公司评为最佳桥吊司机。就在当年，青岛港的集装箱装卸业务从零起步，达到10万标准箱。

领完奖的那天晚上，孙孟俊将许振超请到家里，拿出一瓶珍藏了多年的茅台酒。在许振超的记忆中，那是他平生第一次喝茅台。"老弟，我没有看错人，你也绝不是等闲之辈。好好干吧！咱们青岛港的集装箱在今后几年里会有一个大发展，而你肯定会大有作为的。"孙孟俊说。

孙孟俊后来从集装箱公司总经理的位置上退下来，但许振超跟他一直保持着联系。

1991年，许振超当上了固机队副队长。

当时，桥吊控制系统中用的可控硅元件全要靠进口。许振超发现，国外可控硅元件每两三周就烧坏一个，一个可控硅元件就要几百美元。他算了一笔账：一年下来，光更换可控硅元件，青岛港就要付出差不多两万美元。他想到了用国产产品代替，但当时国内还没有专业厂家。一次偶然的机会，他得知青岛有家电子元件厂，专门为航天部生产电子元件。于是，他就跑去了，可厂家以产量少、成本高为由拒绝了他。他不甘心，又托人找到了主管工程师，带上自己设计的图纸，和工程师反复进行探讨。

因行业原因，工程师对桥吊不熟悉，谈了两个小时没谈拢。后来，他索性把工程师请到了港口，并带他一起爬上了桥吊。站在高大的桥吊上，看到这么复杂的结构和深奥的技术，那位工程师感动了，他感动的是一名中国港口普通的桥吊司机，竟然有这样的科技热情和报国之心。为此，在桥吊上他就答应了。随后他们组织研制，最终从十余个品种中，筛选出了性能最可靠的可控硅元件，提供给青岛港。其性能与国外进口产品一般无二，而价格不足后者的 1%。

能为港口省下一大笔开销，这让许振超很是兴奋了一阵子。

那是他当队长后干的第一件自我感觉特别良好的大事。当然他很清楚，同时还有很多大事也在等着他去做。

他在作业中发现，桥吊故障中有 60% 是吊具故障，而故障主要是由于起吊和落下时速度太快，吊具与集装箱碰撞造成的。有的司机在作业时甚至会猛地把吊具放下去，结果，吊具毁了，人家船上的设备也给撞得稀里哗啦。他提出，这么操作不仅桥吊容易出故障，货物也不安全，必须做到无声响操作。"你们知道装卸的工人怎么叫我们这些桥吊司机吗？铁匠！对，人家就管我们叫铁匠。还有人说我们不是开桥吊，是开汽锤的——都别笑，这不是光彩的事情。我们再不能这样下去了。"队会上，他告诉所有的司机。

一个司机不服气，说："集装箱是铁的，船是铁的，拖车也是铁的，这集装箱装卸就是铁碰铁，怎么能不响呢？"

另一个司机跟着补充说："一个集装箱哪怕是空箱也要五六吨重，再加上十几吨的吊具，至少也有 20 多吨重，把这样一个大'铁疙瘩'抓到 40 多米的高空再放下来，有时还要放到船底八九层深，想要不出大声响，我认为这几乎是不可能的。"——说出口的道理很硬，没有说出口的道理更硬：桥吊队实行的是计件工资，多吊一箱就多挣一份钱。搞无声响操作，轻拿轻放，不明摆着要降低速度，减少收入么？

许振超没多解释，自己先动手练起来。他通过控制小车水平运行速度和吊具垂直升降之间的角度，又轻又稳地准确定位，然后，轻推

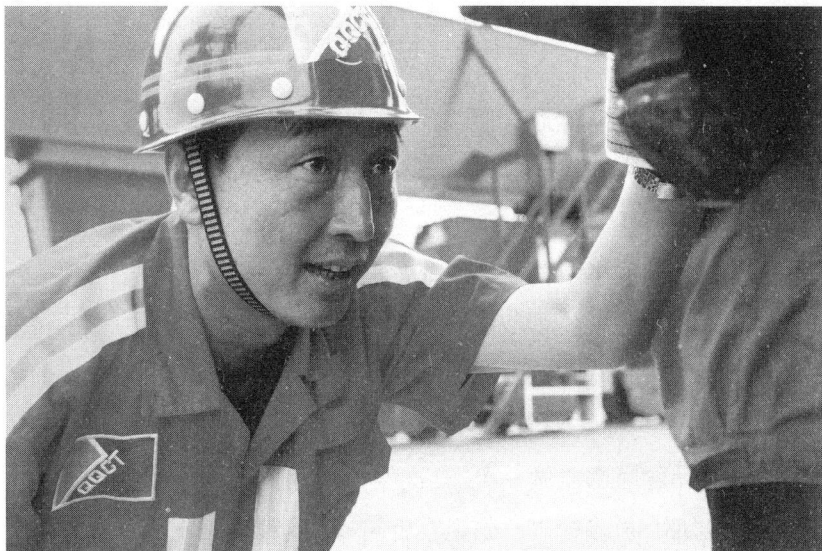

△ 检修，不放过一丝疑点

操纵杆，轻轻起吊——果然做到了"无声响操作"。对许振超来说，这其实就是在"一钩准"绝活儿的基础上稍微做了些改进而已，但旁边的司机却不由地看呆了，也服了。既然队长都带头做到了"无声响"，那他们还有什么理由继续当"铁匠"呢？于是，全队的司机都开始苦练，向"无声响操作"的目标进发。许振超则根据自己的体会专门编写成操作要领，对关键的起钩、落钩等环节逐个分析，并亲自驾机示范，培训骨干，在全队推广。

1997 年，许振超的"无声响操作"得到了一次很好的验证。那年的 11 月间，青岛港承运一批化工剧毒危险品。这个货种一旦出现碰撞，就有可能引发恶性事故。为了确保安全，码头、铁路专线都派上了武警和消防员，身着防化服全线戒严。晚上八九点钟，"凌昌河"号货船靠岸后，许振超左臂扎着白毛巾，在地面指挥；已经练就一手"无声响操作"的桥吊司机们个个精心操作。一个半小时，40个集装箱被悄然无声地卸下，又悄然无声地装上火车。船东代表感慨地说："你们的作业简直是'行云流水'，太神奇了！"坐镇现场的铁道部副部长也连连赞叹："了不起！"

不久，"无声响操作"被写入青岛港装卸工序的行业标准。

许振超随后发明的"二次停钩"绝活儿，如今已经被青岛港的桥吊司机们广泛应用。他经过统计发现，桥吊作业中最容易出安全问题的环节就是箱子一起一落的时候。为避免发生类似问题，他要求桥吊队每名司机在吊箱时都要做一次"二次停钩"，就是在集装箱刚离地和快落地的一刹那，放慢速度，先观察后起落，这样做虽然使每次操作时间多了几秒钟，但却杜绝了事故隐患，最终提高了生产效率……

从许振超手里诞生的那些绝活儿推广后，不仅铸造了青岛港的优势和品牌，也引领着工友们创新的兴趣和热情。一次，一场大雾使整个码头的装卸作业被迫停下，直到中午雾仍不散。一艘货轮的船长焦急地找到许振超，请求马上把集装箱卸下来。原来，该轮装载的全是冷藏货物，不料供电电源发生故障，如不抢卸，一旦冷藏箱里温度升高货物变质，损失就是好几百万元。

"当然，如果你们以安全方面的理由拒绝，我也无话可说。"船长说。船长是个老航运，知道一台桥吊有十几层楼那么高，而集装箱上起吊用的四个锁孔，大小如一块香皂。司机在40多米高的桥吊上，要让重达十几吨的吊具的四个爪准确插入集装箱的锁孔中，好天气操作起来都不那么容易，何况大雾弥漫。

"你是我们青岛港的客户，我怎么能拒绝你呢？想客户所想，让客户满意，从来都是我们的服务宗旨。这样，我们马上安排替你卸箱！"许振超一咬牙答应了。

所谓艺高人胆大。许振超在船上、岸边各安排两个经验丰富的老司机，通过对讲机随时报告集装箱位置，自己登上桥吊，监护司机精心操作。随着船上、岸边清晰的位置报告声，一个个箱子一钩到位，顺顺利利地全卸了下来——这次成功的作业，不仅为客户挽回了巨额损失，也让许振超和他的桥吊队闯过了雾天作业的禁区。

→ 知　耻

★★★★★

多年以后，当许振超的名字和传奇在中华大地上不胫而走，他被请回母校给学生们做了一次演讲。演讲中他讲过这样一段话，大意是：人生就是一个不断攀登和跨越一座座山峰的过程——对于20世纪90年代初的许振超来说，练就一身操纵桥吊的绝活儿，确实也只是跨越了一座并不那么起眼的小山峰，因为，他很快就发现在他前面不远的地方，有一座更高的山峰在等待他去攀登和跨越。

那座更高的山峰，其实是外国人推到他面前的，并且与连续两次让他刻骨铭心的刺激和耻辱的经历密切相关——

1990年年底，队里的一台桥吊突然坏了，原因是控制系统出了故障。桥吊的核心控制系统采用的是瑞典的直流调速程序，属于尖端科技产品，国内无人能修，所以只能从国外请人来修。

公司拍完电报又发传真。一个月后，澳大利亚的两个专家来到青岛港。

两个专家在桥吊上晃悠了十几天，桥吊倒是好了，但他们得到的酬金却高得吓人：整整4.3万元人民币。这4.3万元相当于集装箱公司几百号人、几十台机械忙活一天一夜的收益；如果与许振超当时的工资标准相比，则等于他10年的工资总额！

"怎么要这么多钱？"许振超不明白。

"合同上就是这么定的。人家的修理费用就这么高，没办法的事！"公司的财务主管说。

许振超觉得自己的心被狠狠地刺了一下。4.3万元，对公司是一笔相当昂贵的开支，如果他会修桥吊，公司至于花这么多钱吗？

自责、愧疚，紧紧地缠绕着他。

但还不止如此。

澳大利亚专家在电气房里修理的时候，他曾经习惯性地想留在现场，但对方却通过翻译，让他出去。他不死心，一直在外面等。见人家离开电气房了，他就迎上去，想讨教几句。他把桥吊的几个常见故障通过翻译告诉澳大利亚的专家，然后询问处理和解决的方法。但对方摇摇头，耸耸肩，绕开他，扬长而去。

喜剧演员宋丹丹的一部小品里有一句著名的台词：伤自尊了——这正是当时许振超最真实的心理感受，而且，刻骨铭心。

那天晚上回到家里，他背着手，铁青着脸，一遍遍地转圈子："这样不行! 不能这样了! 再不能这样了……"

可还没等他想明白究竟应该怎样，仅仅一个月后，他的心、他的自尊，再次经受了一次残酷的刺激和伤害——

一艘外轮要将 100 多个集装箱装船，箱子里面是运往新加坡的圣诞节货物。正在节骨眼上，担任作业任务的桥吊突然发生故障，虽然不是什么大毛病，但许振超和公司的维修人员怎么也修不好。船长急得直冒火，带着翻译跑到桥吊前问情况，一听说桥吊一时半会儿修不好，立时就急了，冲着许振超和维修人员哇哇大叫。翻译小声对许振超说："这批货物如果不能在圣诞节前运到新加坡，那船东和货主就损失大了。"许振超点点头,说:"我明白。"

可光明白没用啊! 桥吊修不好，那船长一脑门子官司，看许振超的眼神中充满了鄙夷和蔑视。许振超是又气又急，却无法可想。 那天，那批圣诞节货物到底没有被如期装上船。船长愤怒着，叫骂着，跺着脚离开了现场。但他充满了鄙夷和蔑视的眼神，却从此留在了许振超的记忆里。

回到家，他对妻子说："这是我一生中最耻辱的事情。"

知耻而后勇。

许振超的桥吊传奇，也从此步入一个全新的境界。

→ 推　图

　　桥吊的构造很复杂，涉及电力拖动、自动控制、高压变配电、高压电缆运行管理等六门学科，就是学起重机械专业的大学生也至少得两三年才能够处理一般性故障。只有初中文化的许振超却一头钻了进去，玩了命地学机械动力、学电气自动化、学英语……渐渐地他开始发现，桥吊上最核心、最难懂的就是瑞典的 BBC 电力拖动系统，若想掌握这个系统就必须有完整的电路图。一旦拥有了这样一张图，就等于是解剖了桥吊全身的电路神经，处理起故障来，自然就轻松多了。但这也正是外国厂家全力保护的尖端技术——不仅没提供电路模板图纸，就连最基本的数据也没有。

　　电力拖动系统是由一块块控制模板来实现的——许振超突发奇想：利用桥吊的控制模板倒推电路图。

　　每台桥吊都有两套模板，一套在用，一套备用。每天下班后，许振超就带着从公司借来的备用模板，

△ 出席表彰会的许振超

一头扎进自己的小屋。

　　一块书本大的模板，密密麻麻镶嵌着几百个电子元件，2000多个焊点。为了分辨细如发丝、若隐若现的线路，许振超用玻璃制作了一个简易支架，模板放在玻璃上，下面安上100瓦的灯泡，强光使模板上隐身的线路显现出来。他凑得很近，瞪着眼睛观察，然后在纸上一笔一笔地模拟勾画，绘制成图。脸被烤得通红，眼睛累得看不清东西了，他就到冰箱里取出冰块，用毛巾包着贴近眼睛，敷上一会儿，再接着干。

这当然还仅仅只是开始。真正费工夫的，是分辨和搞清楚如何连接模板上的 2000 多个焊点。那些焊点小如蚂蚁，一个点上下左右有四条连线，每条连线又延伸出两条连线，两条再变成四条，最多的要变成二三十条连线。每个点、每条线，许振超都要用万用表试了又试，一条线路常常要测试上百个电子元件，直到最终试出一条通路来。又因为 BBC 的整套系统都属于通用模板，在某个电路上接上一条线路，就可以做另外的用途，但这个电路在桥吊上用不上，就将它截断——对许振超来说，这也是最让他气恼不已的。有时候费了好几天工夫才艰难地推到某个电路的末端，但仔细一看，断了，根本就是一个毫无用处的电路。没办法，只好再重选一个点……

为了拆解模板上的集成电路，他从医院找来各种型号的针头，几号针头对着多大焊点，都要心中有数。拆卸时，他把电烙铁插上电，用鼻子靠近它感受温度，再拔掉插头，用刚好的余温迅速烫化板上的焊锡。等重装时，所有的针头都必须恰好堵上焊点下面的小孔。他小心翼翼，谨慎万分，知道自己必须做到万无一失，因为模板实在是太贵重了……那段时间里，他的指甲始终是锯齿状的，手指肚上布满一个个白点，鼻子总是有灼伤的痕迹。

到 1989 年，青岛港新桥吊从瑞典 BBC 模拟电子控制技术升级成美国 GE 数字控制系统。这时，模板开始有夹层，合起来只有 0.5 厘米厚，推理和拆装更难，对许振超在专业上的要求也更高了。为了倒推 GE 数字控制系统的模板，许振超不得不恶补《数字电子控制基础》。

有一次，仅仅为了一根看上去并不起眼的信号线，许振超就查了一个多星期。当他最后打开接线盒，才惊讶地发现，一根信号线变成了两根，两根变成了四根，最后一直变成二十多根……

前后用了四年时间，许振超一共倒推出十二块桥吊电路模板，每一块还回去，都毫发无损。最后，他还把标注好的两大本电路图纸奉献给了港口，而这套电气图纸又变成了青岛港桥吊的技术手册。

青岛港的合作伙伴、上海港机厂的一位专家有一次看到那两大本电路图，又得知他倒推模板的经历时，连连惊叹：不可思议，真是奇人！全国独一份儿！

如今，再怎么高深的模板在许振超眼里都已经成了寻常之物，打眼一看，就能看出其中的端倪：板上哪些是通用标准件，哪一块是分管电流控制和电流反馈的，哪一块是司职放大的……基本上都能弄个明白。当然，他也再用不着艰难困苦地去倒推电路图了，只需选择几个点，测测电压，就一切 OK 了。

1992 年年底，桥吊上的一块核心模板坏了。按常规，得花好几万元更换。许振超跑到青岛泰山路一个配件店，花 8 元钱买了一个运控器，回来给模板装上，桥吊又正常运作了。

8 块钱为公司修好了一块核心模板——四年来倒推模板的辛苦，一下子被冲得烟消云散。

"我那时才真正体会到，什么叫苦尽甘来！"许振超说，一副心满意足的表情，很动人。

→ 自　信

倒推电路图的大功告成，让许振超一步跨入"柳暗花明"的新境界。

从排除桥吊的一般机械故障，到修复精密部件，他在技术上越来越自信。

桥吊上的重量传感器坏了。

重量传感器也是桥吊上的一个重要部件，它出了毛病，虽然不会让桥吊停止运行，但桥吊作业时的速度却大受影响，原来或许一个小时能干完的活，传感器一坏，至少得花上两三个小时。

在重量传感器的使用说明里特别有一条规定：不能打开。也就是说，如果坏了，只能换一个新的，这一换，就需要 1 万美元。不换，就要降低 60% 的作业效率，而且订货周期要六个月。

美国 GE 数字控制核心模板都打开了，何况一个小小的传感器——许振超在查阅了相关的外文资料，并初步了解了它的基本原理和构造后，爬上桥吊拆下重量传感器。可打开一看，竹子洞大小的空间里，布满了蜘蛛网般的电阻丝，像人的大脑神经一样。他把传感器带回家，翻来覆去研究了几个晚上，将每根线的颜色和位置都做了标志和记录。然后，戴上眼罩，拿着修表用的小镊子，一根一根地检查，终于发现是一根细如蚕丝的电阻丝断了。

电阻丝的焊点比芝麻粒儿还小。许振超把最顺手的电烙铁磨尖，自己配了焊料，像外科医生做手术一样，小心翼翼地焊接。一次不行两次，两次不行三次。四天后，重量传感器恢复了正常。

那天下午，5号桥吊因故障停止运行，由于技术资料不全，五六个维修主管修了好几个小时，最后才确定是桥吊的液压张紧装置出了问题，但做了修理后桥吊却依然无法正常运行。围着5号桥吊的前升距，大家愁眉不展。第二天早上桥吊就要作业，如果不能提前修好，显然会影响整个码头的装卸进度。许振超闻讯后赶到现场，与维修主管们一起干了近两个小时。在将每一个环节都细细检查了一遍之后，还是找不到彻底解决问题的办法。大家似乎都快绝望了，这时，许振超走到液压张紧装置前站下，开始反复检查里面的两个溢流阀和前后的四根油管，然后招呼高吉凯："你过来试试！"高吉凯也伸手进去摸了摸，说："好像右边的那个溢流阀温度高一点。""不错，温度就高一点点——但问题就出在这里。换掉它，准能行！"十多分钟后，换上新的溢流阀，桥吊立刻恢复了正常。

在现场的几个维修主管纷纷竖起大拇指："许队，你真神了！"

"这有什么？"许振超淡淡一笑，"干一行就得钻一行精一行，这本来就很正常，你们说是不是这个道理？"

都说响鼓不用重锤——后来那几个维修主管通过各自的努力，都相继练就了一身修理桥吊的绝活儿，其中有两个主管的技术水准甚至超过了许振超。而高吉凯更是一跃成为青岛港十大行业能手和桥吊技术领域的顶尖高手，并在 2004 年 8 月间，以青岛港前湾集装箱码头有限责任公司工程技术部高级工程师的身份，参加了全国工交系统的"创争"推进会。

这一点，令许振超欣慰无比。

当然，他也时时会有一种被大家抛在身后的紧迫感，所以，即使是已经练就的绝活儿，他也不断地充实新的内容。比如他经常主动与其他司机换开桥吊。每开一台桥吊，他都仔细体会、感觉和记录每一台桥吊的"脾性"，以便在日后的修理中能做到心中有数。技术革新上，除了他的装卸桥主起升电机磁场可控硅供电电路技改项目获得集团科技进步奖外，他还先后获得集团技术创新奖数十项。

而"许大拿"的美名，从此传遍青岛港的每一个角落。

巅峰之战

➔ 感 悟

★★★★★

2002 年 2 月 11 日，春节的前一天，明港公司开业庆典上，许振超请缨组建公司桥吊队。"没问题！"总经理朱广太欣然同意，但又附加了一个条件："组建桥吊队和生产安全、新桥吊组装这三摊事，你都得给我一并管起来。"

"我干！"许振超接了。

一人干三摊活，哪有不累的？但许振超心情舒畅。

因为他又可以天天亲近他的桥吊了。

一年以前，他是带着一种极为无奈又郁闷的情绪走进集装箱公司安全科的。他当然不想离开他的桥吊和桥吊队，不想离开他那些朝夕相处的徒弟和工友。

走得无奈，走得郁闷，走得窝窝囊囊。

送他的时候，几个徒弟都哭丧着脸，不知道该说些什么。他吼他们："别送了，都回去干活儿！你们把桥吊开好了，我就比什么都高兴。"

吼完了，心里一阵阵难过。他觉得自己从来都没有这么憋屈过。

那年的农历正月初五，趁着放假，许振超安排了五个维修工清理桥吊。五个人拱在桥吊车里一身油污，从下午一直干到夜里12点，又累又饿，就一起出去找了个小地摊吃饭。这时公司来人查岗，发现桥吊队空岗。第二天开会，公司经理提出，要处理脱岗的五名职工，许振超死活不同意："职工们过年期间放弃休息，干活干得满身油污，你们怎么忍心？要处理就处理我！"经理当场叫来七个班子成员，集体批评他纵容职工违章。许振超死不低头，气愤地拍着桌子："职工是我安排的，一个人罚款500元，2500元我全出了。"

最后当然不会真让他出那2500元，但他心里憋气，大病一场——他闹不明白：节日期间加班加点干活，怎么就干出了毛病！

事后有人说他："老许啊，不是二十大几的年轻人了，遇事要冷静，跟领导顶牛，对你有什么好处？再说，你干吗非要伸这个头？"

许振超不同意："自己的事就该自己担！出了事，我这个队长如果只会逃避、推脱，不敢为下面的工人承担责任，那既失了男儿大丈夫本色，我这个队长当得也没意思。"

不久，又出了一档子事：司机王崇山开着桥吊准备卸舱里的集装箱，正在将舱盖板用吊具吊到桥板头的时候，突然，吊起的舱盖板在距离地面一米左右时失控，迅速下滑，重重地砸在地面上。因为正是凌晨时分，下面没有人，没有造成什么后果，但这件事情的性质无疑是严重的，如果当时下面有人有物，那损失就惨重了。

早上7点来钟，许振超到队上，详细询问了事情的经过，他觉得很奇怪，王崇山在操作过程中并没有任何失误，吊具为什么会突然跌落呢？一边想着，一边往公司会议室赶，参加每天例行的调度会。会上，已经得到报告的经理火冒三丈，先严厉批评分管安全生产的副经理，又斥责司机王崇山不注意安全，拿安全规程当儿戏。"如果当时下面有人有物怎么办？那会出多大的漏子？"经理厉声说，"不行，这个王崇山一定要严肃处理！"公司的前任经理是朱广太，朱广太无论在人品和能力上，都是一个过硬的干部，曾为集装箱公司的发展立下过汗马功劳，但就因为他在任期间，公司发生了一件重大安全事故，立刻就被铁面无私的常德传免职，很是坐了一阵子冷板凳，直到明港公司成立，他才东山再起，被常德传委以重任。或许正是因为有了朱广太的前车之鉴，现任经理对安全生产这一块就看得极重。但许振超还是觉得如此处理问题欠妥当：事故发生了，不首先去搞调查研究，分析事故原因，而是想当然地先出处理意见，这怎么能行？

但许振超会上什么都没有说，单凭直觉，他认为事故应该与王崇山无关，可他还没有上机做过检查，没有拿到有说服力的证据和数据，所以他只能默默听着。

散会了，许振超正要回去，经理叫住他："老许，意见我在会上已经说了，你到队上先处理当班司机，其他的我们再讨论。"

许振超觉得自己不能继续沉默了："事故原因还没有查清，责任确定不了，我凭哪一条处理人家？"

经理有点不高兴，瞪了他一眼，转身走了。

撇开许振超，经理责令分管安全生产的副经理直接处理。

那天，许振超带着一个技术员上了桥吊，巡检、排查、分析，又反反复复地模拟当时现场操作的程序，获得了第一手的数据。对相关数据计算的结果证明，问题在桥吊本身：电控设备突发性故障，导致瞬间信号丢失，设备掉电，吊具突然下滑，造成了事故，这与司机操作显然没有关系。

连夜写出事故分析报告，第二天就交给副经理。"我不看！"副经理却说，"司机一定要受处理。"

副经理找到了司机王崇山，声色俱厉地说了些"只要出了事故，就逃不脱干系"之类的话，让王崇山回去写检查，并说要在全公司大会上读。公司有700多号人，而自己将在700人的大会上读检查——想到这一点，王崇山慌了。王崇山是个中专生，20出头年纪，在桥吊队干司机还不到两年，人聪明又勤快，但毕竟年轻，没经过什么事，听完副经理的训话，他吓得赶忙去找许振超，一看见许振超就哭了："在那么多人的大会上做检查，我以后在单位还怎么干活呀？"

"你有错吗？"许振超冷着脸问。

"我没错呀！我操作都是按照规程来的。"王崇山说，委屈得不行。

"没错你哭什么？"许振超说，"把腰杆挺起来！你现在先回去，该干什么干什么，不要有心理负担。"

那天公司开大会，王崇山一直靠许振超坐着，神情特别紧张。许振超说："没你事，要念检讨我上去！"

但会议一直开到最后，也没提这事。

许振超和王崇山都松了一口气。

但几个月后，公司下达正式调令，许振超被调到安全科。

许振超当然知道这其中的缘由。虽然他一万个不情愿离开桥吊队，但对自己做过的事情，他不后悔。他坚持认为，一个真正的男人就应该坦荡磊落有担当，即便因此失去一些东西，包括眼前的利益。

到安全科后，许振超也曾经细细梳理过这段特殊的经历。等把事情的前因后果重忆了一遍，他才蓦然发觉，自己当初对公司领导的看法竟然有如此多的偏颇和缺失之处，而自己的态度与反应，也因此显得太过激烈和极端了。比如经理将安全生产看得特别重，这有什么错呢？一旦出了事故，国家财产肯定蒙受损失，而工人的健康和生命也会受到损害——所谓人命关天啊！经理注重安全，既是对国家财产负责，更是对工人的生命负责，作为一个领导者，不就应该如此吗？这么想着，许振超心里感到相当惭愧。

后来，他曾经想过要找经理和副经理好好说说这件事，检讨一下自己当时的态度和做法，但一直都没有找到合适的机会。不过，这件事情对他的影响却一直持续到现在：遇见类似的事情，他不再像以前那样，一味地认死理儿，或者钻牛角尖，而是学会了从不同的角度去认识和看待问题。

→ 教　材

★★★★★

在明港公司，许振超一度是最为忙碌的人。组建新的桥吊队，负责公司安全生产的管理，指挥剩下的另一台桥吊的最后吊装——三摊事情一个比一个重要，许振超就把自己变成了一只停不下来的陀螺，一天十几个小时地忙在现场。

对安全生产的管理，他不仅不陌生，而且还很有心得，这其实也是在安全科练出来的。当时，公

△ 桥吊林立的码头

司要进行全员安全培训，编写教材和讲课的任务，就落在了他这个副科长身上。虽然他的心总是记挂着他的桥吊队，但在其位谋其政，该他做的，他绝不能含糊。他找了几本安全管理方面的教材，找来交通部的相关条文和规章，找来集装箱公司十多年的发展材料，再结合自己当队长的心得和经验，编写出了一套图文并茂的安全培训教材，并登台给大家宣讲。

当然，他并不是照本宣科地只讲教材上的内容，当了多年队长，曾经发生过的一些事故和对事故本身的思考，他随时都可以信手拈来，以佐证自己教材中的观点。所以，一线的工人对这样的讲座都表现出了异乎寻常的热情……

有了这样的经历，在主持制订明港公司安全生产规章的时候，他就显得驾轻就熟了，只不过根据公司新成立的实际情况，做了相应的修订，然后将其应用到实际的生产管理上。

除此，他还主持编写了《前湾集装箱码头质量管理条例》和青岛港"创国优金奖质量管理体系"。对他来说，那是两个挺大的工程，也耗费了他不少的精力，但让他欣慰的是，那两个文件后来相继被交通部认定为全国沿海港口桥吊设备管理国优金奖标准。

后来，明港公司正式成立安全科，许振超才不再管安全生产的事情。

而第二台桥吊的吊装，也在按部就班地进行着。在成功地指挥了第一台桥吊的吊装后，他的名气和威信已今非昔比，在现场，他可以真正做到令行禁止了。一个月后，第二台桥吊也如期矗立在前湾宽阔的码头上。

安全生产的工作结束了，第二台桥吊的吊装也成功了，他的三摊事现在只剩下一件了。他放开手脚，开始全力打造自己的桥吊队。他那时有一个雄心勃勃的目标，就是要把这支桥吊队打造成中国最好、世界一流的集装箱装卸队伍。

这目标说起来容易，但做起来实在是太难了。当时的桥吊队虽说有五十多名队员，但只有十几名技术成熟的司机，剩下的全是刚从学校招来的新职工。按照惯例，一个学生走上桥吊司机的岗位，至少一年时间才能独立动车。这也就是说，许振超至少要用超过一年的时间，才能拥有一支合格的桥吊司机队伍。而要做到中国最好、世界一流，显然还需要更长的时间。

这一点许振超也想到了，为此整整一个星期没有睡好觉、吃好饭。一周后，他把队里的十几位老司机叫到一起，提出要编一本桥吊手册："大家都是老司机，有多年的经验，这些经验都是经过时间、汗水和心血凝结起来的。我的想法是根据大家的经验，编写一本手册，交到新司机手里，这样，就可以帮助他们在最短的时间里成为一名合格的桥吊司机。"

老司机们都觉得是个好主意，也都无私地奉献出各自的看家绝活儿。但仅有这些还远远不够。为了编好桥吊手册，许振超阅读了大量桥吊技术和管理书籍，并几乎翻遍了近 20 年来自己所有的桥吊学习笔记，优中选优，细细推敲，最后总结出桥吊作业中的 200 多项操作规程，囊括了从正常情况到大风、雨、雪、雾天气的各种作业注意事项及故障应急方案。他还找来交通部、青岛港的质量管理条例，并参照国际标准，制定了桥吊司机须知的桥吊队各项管理条例……

那段日子里，许振超几乎每天都在熬夜都在不停地写，直到写得眼花手酸胳膊软，就站起来在房间里走上几步，或者用自来水洗把脸，然后坐下，继续写。

"哎，当时费的那劲——我甚至觉得比倒推电路图时还难。"回忆起那段日子，许振超微笑着说。

浅浅的笑容里蕴着一汪自豪。

那本填补了国内空白的第一本《港口桥吊作业手册》，后来甚至被众多专业院校列为必修课的参考教材。当然，大多数使用这本教材的学生都不会知道，主持编写教材的人，学历竟然只是初中。

→ 信　念

★★★★★

　　"手册"出炉,也放在了每一台桥吊的驾驶室里,但"手册"毕竟是"死"东西。要成为一个合格的司机,得练;要提高桥吊装卸效率,更得练。

　　"在码头上,我们桥吊司机的岗位就是第一岗位。还有,我们操作的每一台桥吊价值大都在4000万元以上。4000万元哪,那是什么概念?一家相当规模的国企的固定资产也就这么多了!我们呢?每天坐在驾驶室里,举手投足,不经意间操控的就是一家4000万元资产的国企啊!所以,我们每个人不仅要有一种自豪感,更要有一份责任感!是的,对公司,对港口,我们是有一份无法推卸的责任的。但怎么才能负起这份责任呢?一个字:练!古人说:'练就通天艺,货与帝王家。'——古人都知道要为皇帝和朝廷效力,必须有一身本事。今天,我们要担负起加快码头装卸效率、振兴青岛港的责任,不练成一身绝活儿一身好本事,行吗?"

　　队务会上,许振超给他的队员们鼓劲打气做动员，他说得激动，听的人也都群情激昂："许队，没说的，我们跟着你干就是了。"

桥吊司机一年出徒是行内的惯例，但许振超等不起这一年。他琢磨出了一套"60 小时动车"法，通过强化理论、实际环境观摩、模拟试车、试车、理论梳理、再试车等程序，让新手在很短的时间内就纷纷出师。四十多名合格的桥吊司机的出现，立刻解决了前湾人才断档的"燃眉之急"。

接下来，许振超开始教练和推广他早已创出的桥吊作业的"一钩净"、"一钩准"、"二次停钩"等绝活儿。一时间，桥吊队里弥漫着一股学技术、练绝活儿的热潮。有一次，公司总经理朱广太来到桥吊队，目睹此景，大为高兴："老许啊，真难为你了！"又说："有了这样一支队伍，完全可以创造出任何奇迹。"

对许振超来说，练绝活儿是为了提高效率和效益。所以，对每个操作环节的时间，他抠得特别严，几乎到了"苛刻"的程度。根据操作现场测算，桥吊启动后，要达到最高时速通常需要 5 秒钟。许振超计算后提出，3.5 秒钟就足够了。一些司机不以为然：

"抠 1.5 秒有什么用？"

"如果一艘船有 1000 个集装箱，每个箱子省时 1.5 秒，我们就能节约 25 分钟出来。"许振超为大家算了一笔账，"在航运界，竞争最激烈的就是集装箱业务，衡量港口水平高低的一个重要标准就是港口装卸的速度。你们知道吗？一艘可载三四千只标准箱的中型集装箱船滞港一天，就要多付五六万美元给货主。作为一个码头，只有创造了世界一流的效率，才能吸引世界级的船公司来停靠更多的船，挂更多的航线。如果码头装卸效率低，船舶经常滞港，就没有船舶愿意来停靠。同样，没有船来停靠，我们的码头建了也没用。所以，我们必须得分分秒秒地争时间。"

听了许振超的话，大家不再言语。

最后，队里的大部分司机都攻下了那"1.5秒"。

在绝活儿"二次停钩"上，许振超同样也是一秒一秒地抠。从实质上讲，"二次停钩"与追求效率的目标是相悖的，但因为可以有效规避作业失误，坚决不能省。但许振超同时要求每一个司机，必须把"二次停钩"的火候把握得出神入化。刚开始时，他要求司机将停钩时间控制在2秒左右，再往后又减少到1秒、0.5秒。为了半秒这个"火候"，司机们不知练了几千遍，有的司机为了这一个动作竟练了近半年！

结合青岛港口的实际，许振超又提出了一个核心班轮保班作业"一二三"的工作法，"一"就是"一个目标"：桥吊必须呈现无故障运行；"二"就是"两个制度"：凡是保班作业，一是技术主管昼夜值班制，二是出现突发故障15分钟排除制度；"三"是"三个事先"：对桥吊，保班作业前要技术主管事先检修一遍，事先掌握船舶技术资料、作业箱量，事先动员。这之后，桥吊队又在全国沿海港口率先实现了"核心班轮保班全部100%"的目标……

此时的许振超并没有意识到，他所做的一切，其实就是在为"振超效率"的横空出世创造基础和条件。他只是基于一种朴素的信念，做着他认为应该做的事情，这种信念就是他曾对桥吊队工友们说过的两句话：

要担负起振兴青岛港的责任，就要练成一身绝活儿、一身好本事！

咱工人是码头的脊梁，在世界一流的大码头上干活儿，就要干出世界一流的水准！

➡ 目　标

★★★★★

2002 年的夏秋之交，常德传到前湾港调研时，心情真的不错。

青岛港实施外贸集装箱西移战略以来，前湾新港区大码头、深泊位的优势日益凸现，世界著名船运公司都竞相来港挂靠大船，这使承担着前湾新港区集装箱装卸任务的明港公司，连续数月创出作业新高。

常德传心情不错，因为这证明了他当初集装箱战略"西移"的决策是正确的。

等到了明港公司的桥吊队，见到了队长许振超，常德传的心情就更不错了。

许振超到明港公司辅佐朱广太，其实还是常德传点的将。常德传发现，这个在桥吊安装现场当总指挥时就给了他一份满意答卷的桥吊队长，到明港公司后给他的，简直就是一份惊喜了：他创造了新桥吊司机"累计动车 60 小时即可出徒"的桥吊司机培训新纪录；在全国沿海港口率先实现了"核心班轮保班全部100%"的目标；制定并实行了突发故障15分钟排除制度，保证了桥吊的无故障运行，让桥吊的装卸效率大幅度增长……而这一切，居然都是在不到半年的时间里实现的。

常德传想不高兴都不行！

不过，常德传不会仅仅停留在高兴上。对许振超，他还有更高的要求。直觉告诉他，站在他面前的这个清瘦、精干的"老码头"身上，还有巨大的潜力和潜能需要他去挖掘。

"振超老弟，现在上海港已经做到了不论接多大的船，都可以保证12小时完成作业；你敢不敢保证10小时内完成对船舶的装卸作业？"常德传问。

许振超说："没有问题。"

但常德传显然不会就此打住。

"知道吗？现在世界集装箱装卸纪录是由香港现代货柜码头于2001年2月1日创造的，单船效率为每小时装卸336自然箱，单机效率为每小时68个自然箱——你有没有信心冲击一下世界纪录？"常德传又问，目光炯炯地盯视着许振超。

许振超还是那句话："没有问题。"

"你凭什么这么自信？"

"干活儿讲究个'七分工具，三分手艺'。以前，我们与世界上那些大港的差距主要在装卸工具上，我们要想跟人家一较高低，先天就不足。但现在不同了，我们有世界上一流的码头，有达到世界最先进水平的桥吊，还有一支人人都有一身绝活儿的队伍，自然可以干出世界一流的活儿来。要创造世界纪录，我认为完全可能！"许振超说。"好，好啊！"常德传激动起来，"振超老弟，如果你能带队打破世界纪录，就以你的名字命名青岛港的保班名牌，名字我都想好了，就叫'振超效率'。到

△ 桥吊驾驶室中的许振超

时候，我亲自给你献花！"

其实，破世界集装箱装卸纪录的想法在许振超心中由来已久。1994年，他作为青岛港的专家组成员，参观阿姆斯特丹、汉堡、香港等世界大港的装卸工序时，就有了这个念头。印象最深的一次是在香港参观现代货柜码头。在那里，当他得知人家的集装箱作业效率平均达每小时30个自然箱，并且为世界最高纪录时，久久不能释怀。要知道，那时青岛港的作业效率平均只有每小时20个自然箱，这也就是说，人家一个小时下来，要比青岛港多装10个自然箱。"什么时候我们的作业效率能够超过这个数字呢？"他想。

在那以后的十年来，围绕提高效率，他先后搞了不少革新，但是，"巧妇难为无米之炊"，受老港区吃水浅、泊位少等先天不足的影响，总是提高不大。如今，面对着前湾这个世界一流的码头，他蕴藏在心底的夙愿一下子被激发了起来。常德传走后，他把桥吊队的队员们召集起来："刚才我已经从常局长手里接下了军令状，要打破世界集装箱装卸纪录。我总觉得，这本来就应该是我们这代工人的梦想啊！赶超世界装卸水平，咱们责无旁贷。大家有信心吗？"

"有！"

几十个工人心同此想，爆出雷鸣般的一声吼。

⊙→ 纪　录

★★★★★

许振超知道，要破世界纪录，他和他的队员们还要经过一段最后的冲刺。

许振超给自己定下了一个标准：把每一个队员的装卸效率全部提高到每小时 50 个自然箱。这是当今世界港口集装箱作业的最高标准。

为此，他采取了师傅和徒弟结对子的办法，让徒弟和师傅自由选择，并和他这个队长签下"军令状"。但遇到难带的司机，还是他亲自出马。

△ 桥吊与货轮

  从此，许振超带领他的队员们开始了痛苦的"培训攻关"：将全队司机作业效率从每小时 30 个自然箱提高到 40 个自然箱，用了两个月的时间；从每小时 40 个自然箱提高到 50 个自然箱，又用了整整半年！特别是提高到每小时 45 个自然箱以后，每提高一个自然箱的作业效率，都让他挖空心思，绞尽脑汁。他几乎琢磨遍了每一个作业细节，半秒半秒地抠时间。

  几个月后，每个司机都达到了每小时 50 个自然箱的作业极限。

  2003 年 3 月 26 日夜，"地中海洛丽塔"、"东方日本"、"中海汉堡"三艘国际巨轮，同时靠港青岛前湾集装箱码头。作业前，许振超给桥吊司机们打气："咱工人就是码头的脊梁! 青岛港在国际市场上的信誉, 靠咱们扛! "

一夜鏖战, 三艘巨轮全部完成装卸。世界上最大的集装箱船 "地中海洛丽塔" 起航时, 意大利籍船长感叹地说 : "10 小时完成装卸, 不可思议的装卸效率! 我到过欧洲许多大港口, 这里是最优秀的。"

许振超目送三艘巨轮相继离港。1892 年 11 月 14 日, 德国海军在青岛栈桥登陆, 德国政府强行租借青岛为军港。100 多年后的今天, 青岛港成为我国年货物吞吐量突破 1 亿吨的国际大港。"这是多么令人激动和自豪的事情啊! " 许振超想。

更让他激动和自豪的是, 他已经达成了 1600 标准箱左右的船舶 10 小时内就可以完成装卸的目标, 超过了上海港的装卸效率——这是大半年前常德传局长给他的第一个指标。

但距离打破世界纪录, 这还远远不够。

对队里的技术主管, 许振超也提出了同样苛刻的要求, 即要求桥吊做到无故障运行。

按照国际惯例, 桥吊的故障率被控制在每百小时有 3 小时故障即可。但他不同意, 他坚持说, 要创世界第一的效率, 就必须把桥吊故障率控制在每百小时出现 1 小时之内。为此, 他同样挖空了心思。他彻底改变了传统的设备养护模式, 把桥吊使用的前期维护保养作为设备管理的重点, 把大桥吊分解成电气、机械、液压、润滑和水密等单元, 拉网式循环检查、紧固、调整、润滑、清洁。其中, 光电气房内接线点、光缆通讯接口等, 粗略估计多达 2000 多个点, 基本上两个月都要查上一遍, 挨个螺丝拧一遍……

"还有什么需要改进和提高的呢? "

这几乎是许振超每天都要问自己的一个问题。

➙ 命　名

✩✩✩✩✩

许振超没有想到的是，他打破世界纪录，还有一个序曲。

据 2003 年 4 月 4 日的《青岛港报》报道：4 月 2 日，以许振超为队长的桥吊队，在对英国铁行公司"托米斯轮"的货物装卸作业中，以每小时装卸 299.7 个自然箱的单船效率和 62.8 个自然箱的单机效率，刷新了中国内地集装箱装卸的最高纪录；其中，最高单机效率比原纪录提高了 13.5 个自然箱，与世界最高纪录仅相差 5.2 个自然箱……

虽然没有真正打破世界纪录，但常德传已经是喜出望外了，他甚至改变了与许振超的约定，提前以"振超效率"命名青岛港的保班名牌。4 月 15 日上午，在集团客运站礼堂，"振超效率"命名大会隆重召开，常德传在持久、热烈的掌声中，为许振超颁牌匾。会上，集团副总裁田广文宣读了集团关于命名"振超效率"的决定，"决定"号召集团各单位以此次命名为契机，迅速掀起"学振超精神，创振超效率"

活动的高潮……

那天，包括《人民日报》在内的十多家媒体参加了命名大会，并在会后对许振超进行了采访。

说真的，参加那次命名大会的许振超很勉强，因为那块"振超效率"的牌匾并不是他想要的。他心里很清楚，没有最终兑现给局长的承诺，他就没有资格接那块牌匾，虽然，4月2日他们的成绩距世界纪录仅相差5.2个自然箱，但即使是仅仅相差0.2个自然箱，那也不叫破纪录！

所以，抱着牌匾的许振超一直显得闷闷不乐，在接受记者采访时也有些心不在焉。

他那时心里只有一个强烈愿望：早日真正打破世界纪录。

→ 冲　顶

★★★★★

在许振超的期待中，4月27日晚7时25分，国际巨轮"地中海法米娅"轮停靠78号泊位，需装卸3020个集装箱。

望着船长303.9米的"法米娅"号巨轮，许振超觉得自己的心里正燃着一团火，那是一团激情之火。

他知道，就在今晚，他将真正打破世界纪录，并最终兑现给常德传局长的承诺。

他要让自己在面对那块"振超效率"的牌匾时，心中踏实而无憾。

常德传当然知道许振超的心思。当晚7时，"法米娅"号还没有靠岸，他就赶到现场，询问"法米娅"号船的情况。

其实，常德传对于"地中海法米娅"号丝毫都不陌生。2001年10月27日，作为世界第二大的"法米娅"号就成功首航青岛港，作为拥有6750个标准箱位和世界第六代集装箱船的代表，"法米娅"号也是当时停靠青岛港的最大一艘集装箱班轮。那一天，在"法米娅"号靠泊的第45、46号泊位，举行了隆重的首航仪式，常德传还与"法米娅"船长斯文·索恩森代表船、港双方互赠了纪念品。

常德传至今还清楚地记得，那次"法米娅"在青岛港装卸了1600个自然箱。而这次，需要装卸的是3020个集装箱。

边上的朱广太给常德传细细介绍"法米娅"的载货情况。

听完介绍，常德传感到了一丝担忧，对跟在他身后的许振超说："香港现代货柜码头创造集装箱装卸纪录时，大多是利用空箱卸船作业，但这一次'法米娅'轮的重箱比重大，占总装卸量的85.5%，而且重点舱箱量大，各作业线极不均衡，这也大大地增加了我们的作业难度——振超老弟，不容易啊！"

"局长，这些困难我考虑过了。我认为我们完全有能力克服。"许振超说。

"好，我今天就待在现场，为你鼓劲加油，呐喊助威！"

大战之前，常德传给现场参战人员发表简短讲话："打破和创造世界纪录对青岛港意义非凡，而能够亲身参与这件大事，也必将是我们每个人一生中最难忘怀的记忆。我就在现场，我跟大家在一起，我期待着破纪录的那一刻。谢谢大家！"

"常局长在期待着我们打破世界纪录，我请大家告诉常局长，你们有没有信心？"现场总指挥朱广太大声问参战人员。

"有！"

回答他的声音如排山倒海。

然后是经久不息的热烈的掌声。

掌声中，朱广太对许振超说："老许，今天你是主角，你得说两句。"

许振超走上前。夜幕下的明港码头一片灯火辉煌，海风送来阵阵寒意，他的心里突然涌起一股慷慨与激扬。他直了直腰杆："我只想说一句话：咱工人是码头的脊梁，只要咱们挺起脊梁，世界将为之震惊。"

当晚 8 时 20 分，朱广太发出指令："挑战世界纪录大会战，现在开始！"

橘黄色的高压钠灯立刻将宽阔的码头前沿照得亮如白昼。现场 8 台桥吊一字排开，每台桥吊之间的距离不足 10 米。吊具向船上迅速移动、下落，吊起的 8 个集装箱以优美的曲线，几乎同时轻轻落下船来……

作业在紧张和井然有序中进行着。桥吊"无故障运行"的制度显然发挥了最佳的功效：那天，直到全部作业结束，都没有一台桥吊中途停运。只是在作业两个小时后，27 号桥吊的运行速度有过短暂的减慢。许振超立刻断定，是控制吊具的限位器松动造成的。他拿起对讲机，指挥维修工，仅用了不到两分钟，即排除故障……

那天晚上，许振超大部分时间都在全场巡视、检查。但在 28 日零时，他特别在 8 号桥吊前停了下来。8 号桥吊负责的是重点舱，作业难度最大，单机效率与其他桥吊总是差着一只集装箱。

"我来指挥！"许振超替换下 8 号桥吊的地面指挥。

整整一个小时，8 号桥吊多抢出了 5 个箱子。

鏖战 6 小时 15 分钟，到 28 日凌晨 2 时 35 分，全部作业完成。许振超的桥吊队终于创出了单船效率 339 个自然箱、单机效率 70.3 个自然箱的世界纪录。

船方迅速发来的感谢信，确认了这一刚刚出炉的世界纪录。作业现场一片欢呼。

常德传一颗悬着的心终于落地，他与身边的朱广太热烈拥抱、击掌相贺，然后，抢将过去，一把抓住许振超的手：

"振超老弟，辛苦了!"

走下桥吊的队员们聚拢在许振超周围，听常德传讲话。常德传心情激动，春风满面："同志们，今天，你们终于跨越了世界集装箱装卸的巅峰! 你们为中国人、为中国的码头工人争了脸! 请允许我代表集团公司，代表集团公司党委，向你们表示最热烈的祝贺!"

置身于欢乐的人群中，许振超突然发觉自己身上软绵绵的，没有一丝气力。他真的累了，他只想好好地睡上一觉。

⊖→ 专　家

★★★★★

时隔五个月，即 2003 年 9 月 30 日，在接卸"地中海阿莱西亚"轮的作业中，许振超和他的桥吊队，又以每小时单船 381 个自然箱的装卸效率，再次刷新了由他们自己创造的世界纪录。

接到报告后，中国交通部反复核实，并与世界权威机构沟通后，最终确认，这一成绩可以被认定为世界最新纪录。

到 10 月，世界航运业的权威杂志《港口与港湾》，专门刊发了许振超团队创造的 381 箱的世界纪录。世界著名的地中海航运公司专门写信到青岛港致贺："你们的效率简直让人不可思议，我们一定会把这种效率推介给别的货主和船公司。"

新华社、路透社等国内外权威媒体也在第一时间里相继报道了这一消息。"振超效率"由此名声大噪。

连破世界纪录的"振超效率"也帮助青岛港昂首走向世界。国际上许多著名航运公司纷纷慕名而来，上航线，换大船，加箱量。世界前 20 位船公司全部在青岛港开辟了航线。青岛港航线真正实现了全球通。2003 年，青岛港以完成集装箱吞吐量 424 万标准箱的绝对优势，同时超过日本所有港口，列世界集装箱大港第 14 位，一跃而为东北亚地区的枢纽港。

2003 年 12 月，改革的浪潮再次将许振超送到风口浪尖上。明港集装箱公司和英国铁行公司、丹麦马士基海运公司、中国远洋集团公司联合成立了一家规模庞大、实力雄厚的"三国四方"合资公司。许振超觉得自己年龄大，没学历，估计合资公司不会要他。

一天，他与朱广太在海边散步。朱广太已被指定在合资公司里担任要职。"我是不是该下岗了？"他问朱广太，神情很忧郁。

朱广太笑了："你这个老许，你想哪儿去了！你以为你就是一个开桥吊的？错！你是一个专家，没人能比的桥吊专家。不错，现在谈的都是市场经济，竞争激烈，甚至你死我活。但我要告诉你，不管竞争如何激烈，专家永远都是赢家，专家也永远不会下岗。"

朱广太的话，让许振超踏实了许多。他突然觉得，敢情自己这个土专家还是很有些分量的！这么一想，心情立刻愉快起来。

果然，2004年2月的一天，许振超接到正式聘书：合资公司聘请他为技术部固机部经理，不但管着桥吊队，而且管着全公司所有的大型机械设备和技术员，单工程师就有40多个。

　　也就是说，这个年逾50、只是个初中毕业生的"老码头"，将要执掌前湾港这个中国最大集装箱码头最值钱的"家当"——顺岸24台超大型桥吊和77台轮胎吊，总价值20多亿元，相当于一个大型企业的"家底"。

　　对此，员工们反应平静。他们说：老许有这个实力。

　　但这样的任命显然远远超出了许振超的预料，他此前最大的心愿就是在新公司里当桥吊队长，能继续和桥吊打交道。但现在却一下子给他压上这么重的一副担子，他怀疑自己是否能挑得起来。按照国际惯例，固机部经理这个职务必须由资深的专业工程师担当。而他已经54岁了，有些机械他还从来没有接触过，他有能力管好吗？

　　去新公司报到之前，他到集团公司参加一个表彰会。会议结束后，常德传过来跟他握手，问了问他的近况。他把去新公司的事情说了，还谈到了自己的怀疑和担心。常德传听了，不禁大笑："振超老弟，这可不该是你说的话。大风大浪面前，你什么时候退缩过？你是久经考验的人，有能力，责任心强。我相信，不管什么样的担子压到你身上，你都能干得好、干得出色。"

男儿有泪

→ 风 灾

★ ★ ★ ★ ★

1991 年 7 月 20 日早晨 6 点 30 分。

许振超骑着自行车赶往港口上班。骑到普集路中段，他习惯性地往码头看了一眼。从那里，他能清楚地看见岸边的桥吊。

桥吊总是无声地矗立着，高大，威武。长长的吊臂和巨大的横杆，斜插向半空。不知怎么，只要看一眼桥吊，许振超的心里就会感觉踏实，他会很愉快、也很诗意地想：新的一天开始了！

但那天，许振超第一眼却没有看见桥吊。他纳闷：咦，这是咋回事？难道我眼花了？揉揉眼睛，一看，还是看不见桥吊。

他突然有了一种不祥的预感。

紧骑了几步，到一处稍高的路段，从车上欠起身子，看向码头。

在应该是 1 号和 2 号桥吊矗立的位置，躺着一堆巨型铁架。那不就是他的桥吊吗？

坏了坏了！

他嘴里念叨着，头一下子大了。

然后，他是怎么到的码头，在他的记忆中至今都是一段空白。

码头已经戒严。

隔着红色的警戒线，许振超看见 1 号和 2 号桥吊就像两个经过了一场剧烈角斗的巨人，相拥着倒在地上，它们巨大的横杆、长长的吊臂纠缠在一起，一台桥吊的大梁已经折断，驾驶室早已扭曲、变形。

曾经是那么威风凛凛的两台桥吊，此刻，只是一堆凌乱的废铁架。

许振超能感觉自己的心口在一阵阵抽搐，一种尖锐的刺痛，咬噬着他全身的每一根神经。

是的，没有人知道他对那两台桥吊、特别是 1 号桥吊那种刻骨铭心的感情。1985 年，这台青岛港的 NO.1 从上海运到港口时，他和郑来祥、简鸿达一起，上船帮着把桥吊的散件搬到码头。跟他一样，郑来祥、简鸿达也是港口的第一批桥吊司机。散件没日没夜地连着搬运了一个多星期，他们流了很多的汗，但心里充满着快乐。那可是港口最值钱的宝贝啊，而他们则是这台宝贝的主人。日后，他们将操纵着它，为港口集装箱装卸的发展，出力流汗做贡献，这是多么光荣的事情啊！

桥吊的安装用了差不多一年的时间。许振超和郑来祥、简鸿达天天都泡在安装现场。他们目睹了桥吊一点点长大的全过程。

应该说，三个人中，许振超是看得最仔细、最认真的，而且，还总有各种各样的关于桥吊的问题。桥吊生产厂家负责安装的工人和技术人员开始都挺喜欢他，觉得他好学肯钻研，难得。但不久后，他就成了个不受欢迎的人，因为他太爱"管闲事"了，只要他觉得安装上有不对、不好、不合规程的地方，他就会不管不顾地上前与人家理论，如果人家不重新做一遍，他就脸红脖子粗地与人争执不休。

一台桥吊上有数千个螺栓，一只螺栓需要拧多大的力，都有特别的规定，但工人在实际操作中，常常是感觉可以就行了，而感觉又是常常不准确的。这是一方面；另一方面，是因为有的工人觉得拧每一个螺栓都要符合规定的话，未免费时又费力。所以，有人就时常偷个懒。譬如紧固零件时，把原本应该拧70公斤重的栓只拧到50公斤。正常情况下，扭矩扳手将螺栓拧到70公斤力的时候，扳手会"啪"地响一下，证明已经达到要求了。许振超只要听不见这声响，就会上前查看、询问，人家的答复不能让他满意，一场争吵便免不了了。如果争吵还是没有个结果，他便愤愤地去找工头或者直接找厂方派驻安装现场的指挥。直到工头或指挥出面，逼着安装的工人将螺栓拧到底了，他才肯罢休。

这样的事情重复出现，许振超当然招人烦了。

拧桥吊的螺栓都用专门的扭矩扳手，有的工人嫌扭矩扳手用不开，使唤也不方便，就改用简易的大扳手，方法是，在手柄上套上钢管，拴上绳子，两三个人合力一使劲，拧上几下就算大功告成了。其实这种做法特别容易出问题，首先是拧的力达不到要求，其次是容易拧过量。比如说，拧一只螺栓要求80公斤重的力，两三个人合力拉绳转动扳手，力度根本控制不好，一旦超过了80公斤力，螺栓就极易受到损伤。而已经受损的螺栓在外观上什么都看不出来也检查不出来，但经过一段时间的运行，受损的螺栓会全部断裂。这时的桥吊，也就只能变成一堆摇摇欲坠、危机四伏的铁架子了。

在一份关于桥吊的资料上，许振超看到过相关的记载。

他绝不能容许相同的事情发生在他们的桥吊身上。

所以，只要是在不该使用的时候用简易的大扳手，他就上前制止："你们这样是不行的。""你是干啥的？不该你管的事情你最好少管。"对方冲他瞪眼。他不管，跟人家说道理："这种制式螺栓就该用扭矩扳手，要不你怎么掌握力度？力度掌握不了，不够或者过了都会留下安全隐患。

△ 和青年党员一起向党宣誓

你们不能因为方便就不考虑将来我们的使用……我们青岛港勒紧腰带买的这台桥吊，真的不容易。要是现在刚安装就出了问题，那以后我们操作起来还能保证正常运转吗？真要故障不断可怎么办？这个天大的责任谁来负？"

但他这番话没人肯听："得得得！以后的事情以后再说，现在请你走开，不要影响我们工作。否则，耽误了进度，你也负不起责任！"

见根本说不通，许振超直接去找厂方指挥。指挥对他已经很熟悉了，息事宁人地说："好了，许师傅，你别生气，我这就去找他们，让他们认真安装。"

"主要是规范！安装不按规程来，底子打不好，以后肯定要出事的。"许振超说。"你说得对，我这就去现场。"指挥说着，赶紧往外面走。到现场后，立刻制止了工人继续使用简易的大扳手。那个工人只好扔掉简易扳手，但却气哼哼地看了一眼站在指挥后面的许振超。

简易扳手的事情刚完，许振超又发现了焊接的问题。安装工艺上都明文规定了必须是连续焊，但为了省时，有人就是点焊。"你们这样不行！"他还是那句话。人家翻翻眼睛，瞅他一眼，不理，该怎么办还怎么办。他知道多说无益，又去找工头找现场指挥……

"那家伙要是再来啰唆，非拿刀捅了他不可！"有一次，厂方几个安装的工人聚在一起议论，有人发狠，来了这么一句。那个工人曾经因为扭矩扳手的事情跟许振超激烈争吵过。

但第二天，许振超又准时准点地来到现场，而且，盯安装盯得比以前还要认真、仔细，一发现问题，还是照样上前去管。

桥吊在许振超的注视下慢慢长大、长高，他去现场也去得更勤了。但每次，远远地看见他的身影，现场的工人都会互相提醒："那个管闲事的又来了，都仔细点，别让他抓住什么把柄又去找头儿。"

不过，对于现场的工人来说，他们对许振超已经有了一种很奇怪的感觉。他们确实挺烦他，有时甚至是恨他，恨他的执拗和固执，恨他的多管闲事。因为许振超，他们没少挨训。工头和指挥动不动就拿他说事："看看人家，一个普通的桥吊司机，对桥吊的那份感情，多深多厚！这叫什么？这就叫爱岗敬业。可以肯定，那人将来肯定是一个好司机。再看看你们，专业的安装工人，都有那么多年经验了，让人家挑毛病，一挑一个准。你们惭愧不惭愧？"

——是的，他就是一个自以为是的家伙！他凭什么无视他们的专业水准，总是在他们面前指手画脚？他们愤愤地想。

但是，如果哪一天许振超没到现场，他们还会一个劲儿地念叨他：

"哎，奇怪了，那个爱管闲事的家伙怎么没来？"

这时，他们才明白，他们并不像自己想的那样，多么多么恨许振超。平心而论，他其实是一个挺不错的家伙，他认真，虽然看起来有点唠叨有点婆婆妈妈，但细心，这本来就是一个技术工人应该具有的职业素质啊！而且，他跟他们争吵的原因，全都是因为安装上他们做得不到家、不到位，或者没有按照应该的规范和规程，这一点，他们心里是承认的。

桥吊的主体框架搭好了，钢缆穿上了，斜撑杆和封板都焊接好了，后拉杆销轴对接成功了……一台真正的桥吊矗立在了码头！

站在桥吊下面，许振超惊讶了。他开了 10 年门机，在他眼里，曾经觉得门机是那么的高大，可与桥吊比起来，门机就太小儿科了。门机的电器控制柜有 3 个就足够用了，桥吊却需要 18 个，而且全部是集成电路的。

那天，站在桥吊下面，许振超看个没够，惊讶着，赞叹着。

正好有记者来采访，顺便就给他拍了一张照片。那是他平生跟桥吊的第一张合影。照片上的他，咧着嘴，眼睛笑成了一条缝，一脸喜气，特别动人。

此后的七年里，他开着这台桥吊，练出了许多的绝活儿，创造了许多的业绩；不作业的时候，他会细致地给桥吊搞保养、做维修。在他眼里，它就是他看着一天天长大的孩子，那份感情，寻常人是体会不出的；他为它究竟付出了多少，更没有人能够说得清：为了避免桥吊短路引发致命性故障，他曾经带电排查，一个人钻进电控柜，把所有的工友赶出去，冒着被 440 伏电压击倒的危险，赤手排查间距只有几个毫米的集成电路；为了抢修紧急出现的桥吊滑轮故障，他冒着瓢泼大雨，趴在探到海里的 50 米高的桥吊前大梁上，被淋了整整六个多小时——事实上，他已经与这座桥吊融成了血肉相连的一体。

然而现在，他的桥吊倒了，趴在地上，再也没有了往日的神气和威风。

他如自己孩子一样的桥吊，就要"死"了吗？他七年的心血，转眼间就这么付之东流、成幻成空了吗？

→ 失　徒

★★★★★

1991 年 7 月 20 日《青岛日报》一版：

"今日凌晨 4 点 15 分，高达 11 级以上的特大强强台风，突袭青岛港区码头，持续 20 分钟。港区三个变电所跳闸，大面积停电，20 多间房屋被掀掉屋顶，50 棵树木折断，大型桥吊被刮倒。正在 34 区修理的'玲珑海'号万吨轮上,5根特制钢缆绳全部被绷断。海航某水上飞机场,台风扯断拇指粗的系留钢缆,将重达30吨的水上飞机刮出30多米,撞在路基上……"

其实,那天凌晨2点的时候,就已经开始电闪雷鸣,随后,整个青岛港都笼罩在一片风雨声中。当时,许振超的小徒弟田洪国正在52号泊位开着1号桥吊作业。雨越来越大,田洪国看了一眼驾驶室里的测风仪,见指针已越过7级,为安全起见,他立即用报话机向现场调度员做了汇报,并停止了作业。

4点15分,风停雨住,田洪国开着1号桥吊,又重新开始了装卸作业,当他刚刚将第五个红色集装箱轻轻放进"鲁丰号"船舱时,一股突如其来的飓风呼啸而至。霎时间,供电中断,整个码头顿时坠入无边的黑暗之中。现场四名装卸工被飓风刮倒在集装箱旁。闪电过处,值班员刘志贤、工人宋贤胜发现,已经采取了安全措施的1、2号桥吊,被飓风推着,像脱缰的野马,向轨道南端冲去。两人连滚带爬地用闸块去塞迅疾滚动的车轮。风一次次将他们吹倒在地,可他们又一次次爬起来,跌跌撞撞地冲过去。但塞进去的闸块怎能阻挡疯转的车轮?闸块被压崩,两台桥吊继续沿着轨道向南冲去。接着,他们听见一声恐怖的响动,两台桥吊撞击着、扭曲着,纠缠在一处,然后,慢慢倾倒。

事后查明,当时的风速超过了每秒45米——这样的风力、风速,在青岛港是百年难得一遇的。而桥吊的设计抗风能力是每秒33米。

那天,因为故障,2号桥吊停止作业,所以驾驶室里没有人。1号桥吊上除了田洪国,还有许振超的大徒弟赵显新。

桥吊倒地的时候,田洪国不幸被椅背夹住颈部,窒息而死;赵显新则背部多处擦伤。

许振超是在去调度室的路上,听到田洪国遇难的消息的。当时,他想去调度室详细了解一下桥吊的情况。还有，田洪国和赵显新都当班，现在肯定也会在调度室里，他们知道的情况会更多一些。

快到调度室了，这时，有人拍拍他的肩膀："许师傅，您还不知道吧？您的小徒弟田洪国死了，赵显新也受伤了，现在正在医院里。"

脑袋"嗡"的一声——

许振超呆立当场，全身发麻，连动一动的力气都没有了。

报信的人吓坏了，一把扶住他："许师傅，您怎么了？没事吧？"

半晌，许振超才渐渐恢复过来。

他开始发疯般地往医院跑。一路上眼泪不住地流。

到医院时，田洪国的遗体已经被推进了太平间。"我是他师傅，我要看他一眼。"他嘶哑着嗓子对医生说。

"对不起，我们有制度，您暂时还不能看。"医生说。

转身又往病房跑，他的大徒弟赵显新也受了伤。

赵显新趴在病床上，浑身肌肉控制不住地颤抖，医生甚至都不好给他注射。显然，夜里那恐怖的一幕让他受惊了。

"大难不死，必有后福。你受伤了，可毕竟有一条命在。知道吗？洪国死了！"他难过地告诉赵显新。

赵显新大哭起来："师傅，洪国怎么会死呢？昨天我们还在一起，我们已经说好了，星期天要去游泳哪！"

"别哭了！"他上前抓住赵显新的手，好不容易止住的眼泪又汹涌而下，"听师傅的，现在什么都别想，好好养伤，争取早点出院。"

→ 最 痛

☆☆☆☆☆

对于许振超来说，1991 年 7 月 20 日，是他人生记忆中最痛苦、最悲伤的一天。

同一天，他失去了与他相伴七年的桥吊，失去了他最小的一个徒弟。他一向都是个性格坚毅、刚强的汉子，轻易不会流泪，但那天，他却流了数不清的泪，而且，根本就控制不住。

他还清楚地记得，前一天晚上他是夜里 10 点多钟才离开的码头。现在想想，当时确实有些异常，因为从 8 点开始，天上的闪电就一道接一道的，雷声也很大，但是没雨也没风。他觉得有些怪，就一直没敢离开码头，还带着几个工人，为桥吊做好了安全装置。快到晚上 10 点半了，看看好像也没什么事，以为最多也就是会下点雨，就准备回去，因为第二天他还要带着下一班的司机搞作业。走之前，他还特意叮嘱了田洪国几句："天气挺怪，估计要下大雨，晚间作业要小心，多留神!""鲁丰号"是下午开始装卸的，第二天中午准备离开港口。怕田洪国太赶时间，又特别交代说："不要急着赶时间，一切都要以安全为重。"田洪国说："师傅您放心，我会注意的。"边上的赵显新也说："师傅没事，我跟洪国在一起，您还有什么不放心的。天太晚了，您快回吧！您明天还要带队作业呢。"

听了赵显新的话，他才放下心来。赵显新是他的大徒弟，1987年顶替父亲到青岛港工作，一开始干轮胎吊，他感觉小伙子不错，挺机灵的，就帮助赵显新调到桥吊队。赵显新人聪明，悟性高，作为他的大徒弟，已尽得他的真传，在某些方面，甚至超过了他这个当师傅的。田洪国是1988年到桥吊队跟他学开桥吊的，比赵显新整整晚了一年。田洪国不如赵显新灵，但勤快，知道笨鸟先飞、勤能补拙的道理，练起来特别努力，所以也很快出了师。现在，这一大一小两个徒弟搭班在一台机子上干活，他还有什么不放心的呢？

夜里，他并没有听见风声。他住的是小平房，窗子朝西，前面还有一栋高楼挡着。而且，因为整整忙活了一天，太累了，所以睡得挺香。

一觉睡到第二天早上6点。他简单地吃了点早饭，骑车往港口赶。

在码头，他看见了桥吊倒地的现场。后来，他听到了关于田洪国的噩耗。

在许振超所有的徒弟中，田洪国是挨骂最多的一个。

田洪国入门时，前面已经有了十几个师兄，他是最小的一个。都说当师傅的最疼小徒弟，许振超也不例外。只不过他的疼爱是以严厉的形式表达出来的。

桥吊司机初学时，最难练好的是对操纵杆的掌控力度。

桥吊运行时的稳定性和速度，全在于对操纵杆的把握。

但田洪国手一搭上操纵杆，就浑身紧张，一紧张，手上就会不自禁地使出大力来。任许振超怎么说，总是改不过来。"你跟操纵杆有仇哇？

使那么大力气干什么? 看看你把桥吊开的, 跟抽风有什么区别? ”

许振超一训斥, 田洪国更紧张, 抓操纵杆的手都不知道该怎么放了。

"师傅, 我也不想那么使劲, 可我怎么就控制不住自己呢? " 田洪国哭丧着脸说。"好好想想操作要领, 想明白了再上机! " 许振超厉声说。

许振超那时相信的是"严师出高徒", 他觉得只有严格要求, 才能带出合格的司机来。后来, 他才慢慢改变这种观点, 并最终创造出了有着科学方式和方法的"60小时动车法"。

于是, 田洪国继续领受着师傅许振超的那份被严厉包裹起来的疼爱。

严格说来, 田洪国在开桥吊上的悟性比大师兄赵显新确实要差一点, 不过, 他知道用功。许振超抄给他的对操纵杆的操作要领, 他背得滚瓜烂熟。空闲的时候, 他手里抄根棍子, 一遍遍练习模拟动作, 体会动作要领, 或者坐在边上, 听师兄们谈各自开桥吊时的心得, 一边听一边在本子上记。这份努力很快就见到了效果。手握操纵杆的时候, 他慢慢有了感觉; 坐在驾驶室里, 他也变得越来越有自信。

许振超的脸色渐渐舒朗起来。

田洪国第一次独立操纵桥吊作业是在两个月后, 很成功。更重要的是, 他的表现绝不比他的任何一个师兄差。许振超为此春风满面。

当天晚上, 他专门请田洪国到饭店吃饭。席间, 他问田洪国: "师傅对你那么严厉, 你恨师傅吗? "

"哪能呢。" 田洪国憨憨地一笑, "师傅那是为我好, 我谢师傅还来不及呢! "

……

如今, 田洪国那憨憨的笑容犹在眼前, 可师徒二人, 已经天人永隔, 再不能相见了。

"洪国,师傅想你啊!"许振超低低地唤了一声。

一股撕心裂肺的疼痛漫卷而来,潮水般将他淹没。

→ 作　业

★★★★★

中午时分,从8号码头46区整体调一台25型门机至52号泊位,用以装卸本该由1号桥吊完成的作业。

从医院赶回码头的许振超,带着几个刚调来的门机司机,于下午3点20分,开始了对"鲁丰号"的集装箱装卸作业。

田洪国是在装卸"鲁丰号"时遇难的,所以,他推开那几个门机司机,第一个走进了25型门机的驾驶室。

"许师傅,还是让我们来吧!"门机司机们都知道了田洪国的事,纷纷过来劝他。

"我没事,你们先在下面替我看着!"许振超说,语气平静。

刚坐进驾驶室,悲伤便一阵阵袭来,田洪国的面容总在眼前晃动。他揉揉眼睛："洪国，还有不少集装箱没装上船呢，来吧，师傅跟你一起把它干完！"

两个小时后，一位门机司机将他替换下来。他本来不想下来的，但现场调度坚决不同意。怕大家担心，他离开驾驶室，回到地面。但是，当码头上的集装箱只剩最后 10 个时，他再次走进门机驾驶室。"最后的活儿就让我和洪国一起干完吧！"他恳求道。调度没说什么，只是表情凝重地用力点了点头。

晚上 9 点 25 分，吊钩将最后一个红色集装箱轻轻放进"鲁丰号"船舱。

"洪国，货装完，咱们该下去了！"他喃喃自语。

话刚说完，眼睛又湿润了。

➡ 抢　修

★★★★★

那些天里，52 号泊位的作业空前紧张，不断有船靠泊。

许振超天天泡在码头上。

与桥吊相比，门机的作业能力明显不足，而作业量未减。那台 25 型门机就只有开足马力，全天候作业。

如此高强度的作业，对机器的检查和维护当然必须跟上，而且必须是在作业的短暂的间隙，争分夺秒地做。

许振超工作的紧张程度可想而知。

紧张和压力，甚至已经让他没有时间为田洪国的死而悲伤了。

过了大约一个月的时间，情况才稍稍好转。

此时，上海港机厂一支 150 多人的队伍已经在对 1、2 号桥吊展开抢修。作业压力渐渐趋缓的许振超，开始密切关注桥吊的修复和进展。

第一次到抢修现场时，1 号桥吊的大机房底盘已调整好，前后大梁已割开，拉杆、三角架等正在修复、制造中。港机厂一位工程师告诉他："桥吊前后门框的修复已在北海船厂开工了，很快就会出厂。"

在现场的人群中，许振超看见几张熟悉的面孔，是当初安装 1 号桥吊时的工人，其中一个壮实的中年汉子，就是曾经说要用刀捅了他的工人。

他们也发现了许振超，都抢上前来与他握手，神情都很庄重。他们是到现场以后，才知道在桥吊事故中丧生的司机，原来就是他的徒弟。

"许师傅，你放心回去吧！我们一定会加班加点，让桥吊早日重新站起来。"一个工人拍着他的肩膀说。

"现在泊位上没有船，就让我留下来帮你们干点什么吧！"他说。

他留在了现场。

以后，只要泊位上没有船舶作业，他就跑到抢修现场，帮人家递个扳手、配个螺栓或者搬个电焊瓶什么的。大徒弟赵显新伤好出院后，也跑到现场，不声不响地给抢修工人打下手。没过几天，他的其他几个徒弟、田洪国的师兄们，空闲时间里也都纷纷往现场跑……

1991 年 9 月 22 日，1 号桥吊抢修成功，重新矗立在了 8 号码头。

许振超站在桥吊下，高兴，眼圈又红起来。

自从田洪国出事后，他发觉自己突然变得多愁善感了。

在当天的《青岛港报》上，他看到一则新闻，说"集装箱公司 7 月份完成了 14202 个国际标准箱的装卸任务，8 月份虽然受台风影响，但仍然完成了 13417 个，而 9 月份前 20 天就已经完成了 15138 个，已经超额完成预定生产计划。21 条航线、50 家货主，一个没丢"。

那天晚上，许振超回到家，让妻子许金文炒了几个小菜，自己在桌子上放了两只酒杯，斟满："洪国啊! 今天师傅特别高兴，你也应该高兴。咱的桥吊又站起来了，啥都不少啥都不缺，还跟原来一样威风。2 号桥吊的抢修也进行到一半了。还有，报纸上都说了，咱公司的任务不仅完成了而且还超额完成。你是不是跟师傅一样高兴啊? 那好，咱爷俩为这高兴，干一杯……这里面也有你一份功劳啊! 你风里来雨里去的，可没少为咱桥吊队、为公司做贡献。来，师傅敬你一杯。你怎么不喝? 那师傅替你喝……洪国啊，师傅最近常想起你刚来咱桥吊队的样子。你那时多小啊! 憨憨的，腼腼腆腆的，刚冲我叫声'师傅'，脸就红得像个大姑娘。哎，想想那时师傅对你实在太严了，动不动就训你。洪国啊，你不会怨师傅吧! 师傅知道，你是个好孩子，你理解师傅的心思，你明白师傅对你严是为你好，可你越这么想越这么懂事，师傅的心里就越是不好受。唉，要是时光能倒转该多好……你不是总说自己的技术赶不上大师兄吗? 师傅答应你，一定好好教你，一定把身上所有的绝活儿都教给你……你高不高兴? 高兴! 高兴就好。咱爷俩为这高兴，得再干一杯……"

"你喝多了，快点睡吧!"妻子许金文上来劝阻，不让他再喝酒。他一把抢过杯子: "你困了你先睡，我跟洪国还有话要说呢! 来，洪国，咱爷俩接着喝，接着说。你师母她不了解咱码头工人。咱码头工人是谁? 个顶个都是钢浇铁铸的汉子，什么大风大浪没有经历过! 吃苦流汗咱不在乎，干活拼命是家常便饭，喝这点酒算什么? 洪国，你看这样好不好，桥吊立起来了，咱们从明天起就开始玩命干活儿，争取到年底拿他个第一。那是多开心的事情啊! 春节期间，咱再找时间聚一次，对了，得把你的师兄们都叫上。对，都叫上，一个都不能少……"

在许金文的记忆里，那是结婚以来她第一次看见丈夫喝醉。她知道这时候怎么劝都已经无济于事，就只能默默地坐在一边，陪着丈夫伤心、流泪、叹息。

子夜时分，许振超趴在桌子上，睡着了。

旗　帜

→ 典　型

★★★★★

　　早在 2003 年 4 月间，青岛市总工会领导在看了有关新闻报道后就敏锐地感觉到许振超这个典型的价值和意义，立即派人前往青岛港调研。6 月，市总工会将《山东工人报》的记者请到青岛，对许振超进行采访。7 月，《山东工人报》分两次连载了《真心英雄——记青岛港明港公司桥吊队长许振超》的长篇人物通讯。随后，在市总工会的努力下，许振超作为正式代表参加了山东省总工会第十二次代表大会。不久，市总工会授予许振超青岛市劳动模范和职业道德双十佳荣誉称号，并推荐许振超入选"山东省自学成才先进个人"。

　　2004 年 1 月，青岛市委宣传部和青岛港专门成立了一个班子，研究、起草许振超事迹材料。材料完成后，首先向山东省委宣传部做了汇报，引起朱正昌部长高度重视，指示宣教处全力支持、配合许振超这一典型的推介。

　　3 月 17 日，一辆白色面包车行驶在济青高速公路上。车上坐着青岛市总工会副主席蔡绮、青岛港集团工会副主席刘纯盛。他们此行的目的是去省会济南，向省总工会汇报许振超的先进事迹，并为申报许振超的全国五一劳动奖章，寻求省总工会的支持。省总工会的领导听了汇报后一致认为：许振超的事迹代表了中国一代产业工人自强不息、拼搏进取的精神风貌，这个典型值得在全省职工中大力宣传和推广。

3月18日下午，省总工会分管宣教工作的副主席齐太生，与蔡绮等人一道，驱车同赴北京。

3月19日上午，全国总工会有关领导听取了汇报，充分肯定了宣传许振超先进典型的重大意义，并就宣传推广许振超这个典型提出要求……

→ 荣　誉

★★★★★

2004年4月8日早晨，许振超先进事迹报告团起程赴济南，举行全省许振超先进事迹报告会。

许振超没有想到的是，就是从这一天起，他开始一步步走上荣誉的顶峰。

到达济南的当天下午，报告团就在山东省交通厅做了事迹报告。省交通厅授予许振超"山东省交通系统劳动模范"荣誉称号，并号召全省交通系统迅速掀起向许振超同志学习的热潮。

4月9日下午，省总工会举行仪式，授予许振超山东省"富民兴鲁"劳动奖章荣誉称号，并召开学习许振超同志先进事迹座谈会，学习、探讨许振超同志的先进事迹和他所体现出来的当代产业工人的优良品质和精神实质。

4月10日，省委宣传部、省总工会、省交通厅联合下发了关于开展向许振超同志学习的决定，号召全省广大干部职工向许振超同志学习。

4月12日，许振超先进事迹报告团在全省进行事迹报告，国内各大媒体几乎同时以头版头条刊登重磅报道：《人民日报》发表长篇通讯《新时代的中国工人许振超》，并配发评论员文章《当代工人的杰出代表》；《光明日报》刊登大特写《令世界惊叹的中国工人》；《经济日报》头版刊出《许振超刷新集装箱装卸世界纪录》的醒目消息，并打出《学习许振超干就干一流》的栏题，三版则以整版篇幅刊登大通讯《一个码头工人的无憾人生》；《工人日报》刊登通讯《金牌工人许振超》，第一次响亮地提出了"金牌工人"这个口号，并配发评论《时代需要更多的金牌工人》……

中央人民广播电台在第一套节目《中国之声》里推出"许振超直播宣传日"，为一位典型人物开辟直播宣传日，这在中央人民广播电台的历史上还是首次；中央电视台则提前一天开始，在《新闻联播》节目里连续播出三集系列报道；《实话实说》栏目也在4月11日推出了以《钢铁脊梁》为题的宣传许振超的节目……

4月12日那一天，《农民日报》、《中国青年报》、《科技日报》等大报也都推出了各自宣传许振超的报道。

△ 上台领奖

　　这时的许振超，已经不仅仅是青岛港和青岛市的许振超，也不仅仅是山东省的许振超，他已经走向全国，属于全国亿万的观众、听众和读者。

　　4月14日，中共中央政治局委员、全国人大副委员长、中华全国总工会主席王兆国在看到《人民日报》、中央电视台和《工人日报》等对许振超事迹的宣传报道以后，专门做出重要批示：许振超同志的先进事迹，充分体现了我国工人阶级是国家主人的精神；充分体现了我国工人阶级在全面建设小康社会中发挥的主力军作用；充分体现了时代需要高素质的工人队伍，只要广大工人都能像许振超同志那样善于学习新知识、钻研新技术、掌握新技能，敢于进行技术创新、管理创新，就一定能在各自的岗位上创出新业绩。他还要求全国各级工会要组织职工学习许振超的先进事迹，并号召向许振超同志学习，做新时代的中国工人。

4月19日，交通部在北京举行许振超先进事迹座谈会，会上，国家人事部、交通部决定，授予许振超"全国交通系统劳动模范"荣誉称号。

4月20日上午，首都近千名群众齐聚人民大会堂，聆听了由中宣部、中华全国总工会、交通部、人事部、中共山东省委联合主办的许振超先进事迹报告会。许振超说："人总是要有一点精神的，干就干一流，争就争第一，为企业增效，为国家争光。"一件件实实在在的事例，一句句朴朴素素的话语，让近两个小时的报告会，不时被听众热烈的掌声打断。会上，中华全国总工会向许振超颁发了全国五一劳动奖章。

同一天，中共中央政治局常委、国务院副总理黄菊在北京人民大会堂小礼堂贵宾室，代表党中央、国务院，亲切接见了许振超先进事迹报告团成员。

从5月16日开始，以中宣部、中华全国总工会、交通部三家名义联合组成的报告团，连续在山东、陕西、辽宁、上海、广东、重庆、四川、青海、山西、安徽、江苏、总参陆航部、北京奥组委、山东海事局、上海海事局、青岛海关等13个省市和7个单位做了23场巡回报告会，召开了15场座谈会，参加听众45200余人。其中省部级以上领导76人，部队军以上首长20人。

报告团所到之处，无不受到最高礼遇，欢迎的气氛更是隆重和热烈：鲜花簇拥，雷鸣般的掌声铺天盖地，无论是会场、学校，到处是学习许振超"爱岗敬业，无私奉献"的横幅标语和许振超的名言名句。人们对劳模的崇尚和爱戴之情，处处可见。

一时间，许振超和他的"振超精神"成了中华大地上一道最亮丽的风景。

在各地巡回报告期间，许振超每天都要接受媒体轮番轰炸式的采访，而他被问到最多的一个问题就是，他何以能够多年如一日地立足本职，在平凡的岗位上创造出不平凡的业绩。对这个问题，许振超以自己的亲身经历，用四个"每天"做出了精彩又颇富哲理的回答：

一是每天都要创造成就事业的资本。要成就事业，首先要立德，也就是锤炼自己的品德和境界，要做到"先做人后做事"，敬岗爱业，为国奉献，做一个符合时代需要、符合国家需要的有一技之长的好工人。其次是培养自己的工作能力，在学习和创造中不断积累、提高技能，这也正是"敬业先精业"所应有的内涵；二是每天都要挑战自我、超越自我。我们处在科学技术飞速发展的时代，要想生存就必须继续学习，不断地超越自我。前进道路上最大的敌人就是我们自己，只有每天挑战自我、超越自我，才能使事业取得成功；三是每天都要心存感激并忘我回报。我只是一个普通的工人，始终感激共产党和社会主义制度让我们工人真正成为国家的主人翁，感激改革开放的好政策和青岛港这片育人的沃土给我提供了施展才华的大舞台。因为每天都心存感激之情，所以才能忘我工作，无怨无悔地回报；四是每天都要把自己融入团队之中。我们每个人都置身于集体中，只有精诚团结，才能有所作为。一个人不能游离于团体之外，想成功，必须要靠团队精神，这样才能无往而不胜……

在与媒体的对答中，许振超充分体现出了一个新时代劳模所独具的学识和风范。而这份学识和风范，也在很大程度上使"振超精神"更加深入人心。

→ 感　激

★★★★★

2004年6月20日下午，中共中央政治局常委、国务院总理温家宝到达青岛。一下飞机，温家宝就向山东省委负责同志关切地问起了许振超的工作和生活情况。晚上，温家宝在座谈会上对许振超的事迹给予了充分肯定。

6月21日上午——这一天从此深深地刻印在了许振超的记忆里——温家宝总理来到繁忙的青岛前湾港集装箱码头，专程看望许振超。

码头上桥吊林立，车流如水。温家宝走下汽车，紧紧握住了许振超的手，大声说："你是新时期产业工人的杰出代表，大家要向你学习，我也要向你学习。"

　　随后，温家宝总理向现场的工人们发表了热情洋溢的讲话："现在全国都在向振超同志学习，振超精神、振超效率成为了我们这个时代的强音，成为了社会主义现代化建设的精神财富，成为了全面建设小康社会的巨大动力。全社会都要开展争创一流的活动，每一个人要通过向许振超学习，爱岗敬业，创出一流的业绩……什么是振超精神？振超精神就是爱岗敬业、无私奉献的主

△ 悉心传授

人翁精神，就是艰苦奋斗、努力开拓的拼搏精神，就是与时俱进、争创一流的创新精神，就是团结协作、互相关爱的团队精神。我们要像振超同志那样，干一行，爱一行，精一行；像振超同志那样，认真学习新知识，努力掌握新技术，刻苦钻研新本领；像振超同志那样，在自己的工作岗位上为国家、为人民、为社会做出应有的贡献，为社会主义现代化建设献出一切。"

总理的讲话，激起阵阵热烈的掌声。掌声中，许振超代表工友向总理表示："感谢总理对我们的关怀。我们码头工人一定牢牢记住总理的话，在今后的工作岗位上，再接再厉，脚踏实地，干出新的成绩。"

离开码头之前，温家宝对许振超说："今天我是专门来看你的，以后你到北京，也别忘了来看看我。"

"我有新的成果，一定进京向总理汇报。"许振超说，心里有一股暖流在涌动。

总理走了，许振超在码头上伫立良久，也想了很久。

他有些恍惚，自己何德何能，竟能让共和国的总理，在百忙之中，亲自到青岛港来看望自己？

似乎就在转眼之间，许振超的名字家喻户晓、人尽皆知。而许振超本人，也渐渐抵达荣誉的顶峰。

对此，许振超的心中充满感激之情，并且始终保持着清醒的认识。他总是认为，自己并没有为社会做出什么了不起的贡献，而党和政府却给了自己这么多的荣誉，这使他心里有一种隐隐的不安和惶恐。

他深深明白，只有做得更好，才能对得起党和人民给予自己的荣誉，才能对得起组织和社会各界对自己的厚爱。

正是基于这样的认识和想法，成名后的许振超一直都保持着一颗平常心。在那些熟悉他的人眼里，他依旧朴素、从容、沉静，一如从前。

→ 证　婚

★★★★★

但许振超的生活还是在不知不觉中改变了。

5月6日是他的休息日，而且他已经知道那天会有亲友到家里，他这个一家之主是必须待在家里招呼亲友的。但最后，他还是不得不走出家门。码头上一位工友的弟弟6日结婚，这位工友找到许振超转达了弟弟的心愿：我们都是工人，希望能请到中国产业工人的杰出代表许大哥当我们的证婚人。

对这样的要求，他知道自己即使有一万个理由也是不能拒绝的。而且，他也知道，在青岛，一般婚礼的证婚人都是请来新郎、新娘单位的领导或是社会各界的名流。现在，同样都是普通工人的新郎新娘请他这位工人的代表当证婚人，他就更不能拒绝了。

许振超去了。许多参加婚礼的人刚一落座，就先打听证婚人是谁。后来，大家都看见了许振超，便不约而同地站起身来向他鼓掌。

许振超走到台前，宣读了证婚词，新郎、新娘

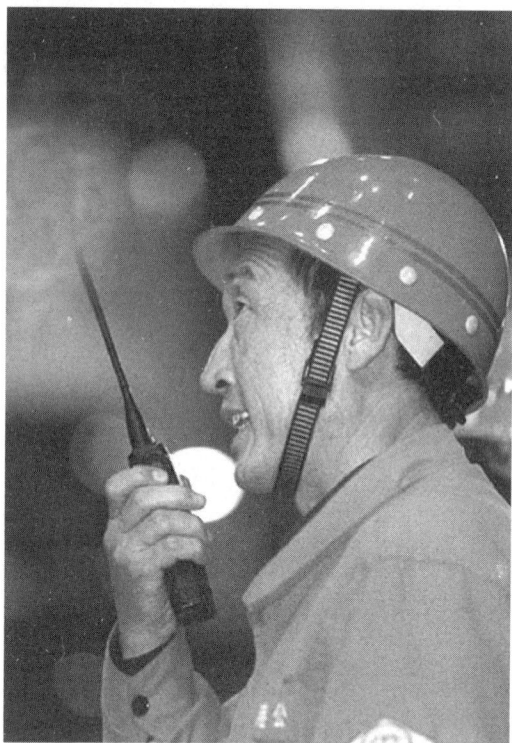

和所有参加婚礼的来宾都报以热烈的掌声，他们当中大部分都是工人。

许振超刚刚回到原位坐下，许多人便纷纷上前请求与他合影，这让许振超很尴尬。他说："请赶快去向新郎、新娘敬酒，这样喧宾夺主就不好了。"但还是有很多人走上前与他合影留念……

许振超曾经收到过一个大花篮，是一个职业技术学校的师生们送的。花篮上有一张卡片，上面这样写着："悄悄表达我们对您的敬意，不打扰了，千万注意休息，休息也是为了更好地工作，我们会在网上向您请教的。"

那花篮和卡片让许振超感动不已。

面对人们的信任和情谊，许振超备感温暖，同时也感到极大的激励和鞭策。

→ 火 炬

★★★★★

2008 年，许振超作为一名火炬手参加了北京奥运会圣火青岛站的传递，代表全国产业工人，分享奥运激情。

那一刻，是激动人心的，许振超高举火炬，昂扬地跑在火炬传递队伍的前面，面带笑容，神采飞扬。奥林匹克的圣火把光明、勇敢、团结、友谊带到北京，在圣火经过的大街小巷，必将唤起人们对和平的企望，对参与的渴求，对奥运精神的崇尚，必将激发全社会的奥运热情。而许振超和他的振超精神，也如这熊熊燃烧的圣火，从青岛港走向北京，从北京走向全国……

后　记

热爱工作，热爱生活

初识许振超，他给我的感觉很普通、很平常。

渐渐地，感觉出了他的朴素与从容，沉静与内敛——虽然内心里思绪游走，气象万千，面上却沉着，淡定，不虚浮，不张扬。

但一旦到了桥吊作业现场，性格内敛的许振超立刻就像换了一个人，顿时满面红光、激情飞扬起来，好像他体内某一根已经处于休眠状态的神经，突然间被激活了：顺岸几十台大型桥吊和许多码头作业机械，在他的调度下令行禁止，秩序井然；机械出现故障，他会迅速查明原因，然后指挥技术维修人员做现场处理，甚至干脆自己爬上十几层楼高的桥吊上排障，其矫健和敏捷，无异于20多岁的小伙子……

许振超常说：人总是要有一点精神的，在工作岗位上，干就干一流，争就争第一，拼命也要创出世界集装箱装卸名牌，为企业增效，为国家争光。也正是在这种精神的支撑和鼓舞下，他自学成才，苦练技术，练就了"一钩准"、"一钩净"、"无声响操作"等绝活，并模范地带出了"王啸飞燕"、"显新穿针"、"刘洋神绳"等一大批具有社会影响的工作品牌。他带领团队先后6次打破集装箱装卸世界纪录，"振超效率"令世人赞叹，"振超精神"更是名扬四海。以前有首歌这样唱道：咱们工人有力量——许振超这位青岛港的普通装卸工人，就是用技术、精神和超越世界一流的豪气，向人们证明了中国产业工人的力量。而他自己，也一跃成为中国产业工人的杰出代表。

许振超又是一个热爱生活的人，从小就吹得一口好笛子，会弹钢琴，还是铁杆的京剧票友，最爱听的是《包龙图》和《铡美案》；他还喜欢潜水，他说他喜欢浪花，更梦想有一天能潜到海底，探寻那蔚蓝深处的秘密……

所以，采写许振超，对我来说是一件特别幸运的事情。因为，采访的过程中，我从他身上得到了很多的人生启迪。现在，我希望这本并不完善的小书，能给更多人的人生带来有益的启迪。

唯是我愿！

/ **100** 位

新 中 国 成 立 以 来 感 动 中 国 人 物 /

丁晓兵 马万水 马永顺 马恒昌 马海德 中国女排五连冠群体

孔祥瑞 孔繁森 文花枝 方永刚 方红霄 毛岸英

王 杰 王 选 王 瑛 王乐义 王有德 王启民

王进喜 王顺友 邓平寿 邓建军 邓稼先 丛 飞

包起帆 史光柱 史来贺 叶 欣 甘远志 申纪兰

白芳礼 任长霞 刘文学 刘英俊 华罗庚 向秀丽

廷·巴特尔 许振超 达吾提·阿西木 邢燕子 吴大观

吴仁宝 吴天祥 吴金印 吴登云 宋鱼水 张 华

张云泉 张秉贵 张海迪 时传祥 李四光 李春燕

李桂林和陆建芬夫妇 李素芝 李梦桃 李登海 杨利伟

杨怀远 杨根思 苏 宁 谷文昌 邰丽华 邱少云

邱光华 邱娥国 陈景润 麦贤得 孟 泰 孟二冬

林 浩 林巧稚 林秀贞 欧阳海 罗映珍 罗健夫

罗盛教 草原英雄小姐妹 赵梦桃 钟南山 唐山十三农民

容国团 徐 虎 秦文贵 袁隆平 钱学森 常香玉

黄继光 彭加木 焦裕禄 蒋筑英 谢延信 韩素云

窦铁成 赖 宁 雷 锋 谭 彦 谭千秋 谭竹青

樊锦诗

图书在版编目（CIP）数据

许振超 / 刘新平著. -- 长春：吉林文史出版社，
2012.12（2022.4重印）
（100位新中国成立以来感动中国人物）
ISBN 978-7-5472-1385-8

Ⅰ．①许… Ⅱ．①刘… Ⅲ．①许振超－生平事迹－青
年读物②许振超－生平事迹－少年读物 Ⅳ．①K828.1

中国版本图书馆CIP数据核字(2013)第001558号

许振超

XUZHENCHAO

著/ 刘新平

选题策划/ 王尔立　责任编辑/ 王尔立　李洁华　任玉茗

装帧设计/ 韩璘

出版发行/ 吉林文史出版社

地址/ 长春市福祉大路5788号　邮编/ 130118

电话/ 0431-81629363　传真/ 0431-86037589

印刷/ 天津海德伟业印务有限公司

版次/ 2012年12月第1版 2022年4月第4次印刷

开本/ 640mm×920mm　1/16

印张/ 9 字数/ 100千

书号/ ISBN 978-7-5472-1385-8

定价/ 29.80元